# 小红书
## 变现7堂课

许义◎著

电子工业出版社
Publishing House of Electronics Industry
北京·BEIJING

## 内容简介

本书结合作者自己过去10年对流量、生意、商业和运营的全部理解，以及自身创业团队运营小红书的实战案例，系统而完整地总结了小红书运营的流量之道，从认知、定位、爆款、引流、变现、案例和工具的角度给出了小红书从流量到变现的运营方法论。

书中给出的流量机制、账号定位、爆款笔记、账号涨粉、笔记流量、广告投放、变现模式和运营工具，系统而完整地解决了小红书运营过程中常常遇到的各种问题。

本书展示了各行各业都能用到的关于流量、生意、商业和运营的逻辑框架和思维方法，适合希望通过小红书变现的互联网个体户和每一位正在从事运营工作的流量操盘手，也适合正在思考自己的生意如何在小红书上放大的创业者。

未经许可，不得以任何方式复制或抄袭本书之部分或全部内容。
版权所有，侵权必究。

#### 图书在版编目（CIP）数据

小红书变现7堂课 / 许义著. —北京：电子工业出版社，2024.1
ISBN 978-7-121-46980-0

Ⅰ.①小… Ⅱ.①许… Ⅲ.①网络营销 Ⅳ.①F713.365.2

中国国家版本馆CIP数据核字（2023）第251584号

责任编辑：张月萍
印　　刷：三河市华成印务有限公司
装　　订：三河市华成印务有限公司
出版发行：电子工业出版社
　　　　　北京市海淀区万寿路173信箱　　　　邮编：100036
开　　本：880×1230　1/32　　印张：7.875　　字数：226.8千字
版　　次：2024年1月第1版
印　　次：2024年2月第3次印刷
定　　价：78.00元

凡所购买电子工业出版社图书有缺损问题，请向购买书店调换。若书店售缺，请与本社发行部联系，联系及邮购电话：（010）88254888，88258888。
质量投诉请发邮件至zlts@phei.com.cn，盗版侵权举报请发邮件至dbqq@phei.com.cn。
本书咨询联系方式：faq@phei.com.cn。

# 推荐序

人们做旅行决策的时候,要么找人咨询,要么找货对比,要么就是看内容找灵感,小红书以前是用户找旅行灵感的社区,现在也渐渐成为了用户完成旅行预订的地方。

当整个行业的经营思维需要转变的时候,许义又一次在这里深耕思考,并总结了成熟实用的运营方法论。

携程旅行副总裁　张力

许义老师在生财有术里关于小红书运营的分享帮助了很多人,他在流量、运营、内容、互联网领域有着 10 年的经验积累,很高兴如今他将这些珍贵的经验与案例整理成书,相信能给期待在小红书上拿到结果的人带来帮助。

生财有术创始人　亦仁

对普通人来说,相比抖音、微信公众号和知乎,在小红书上做内容更容易变现,想知道怎么做,可以借鉴许义老师的这本书。

秋叶品牌创始人　秋叶

我和许义老师相识多年，他在互联网和流量领域有着丰富的运营操盘经验，市面上能够看到的小红书运营资料很多，但能够抽丝剥茧、娓娓道来，讲清逻辑的很少，这需要丰富的实战经验和清晰的运营逻辑，很高兴他能将自己在小红书一线的实战心得整理在《小红书变现7堂课》里，书中的流量方法适合很多商业流量操盘手，其中的生意思维也非常适合这个时代的内容创业者。

人人都是产品经理CEO　老曹

对于个人和企业来说，小红书已经是不可忽视的增长与变现渠道。有人说在小红书上变现很容易，也有人说很难。究竟如何，其实很大程度取决于你对平台和用户的理解深度，许义老师的《小红书变现7堂课》，将会带你完整梳理从流量到变现的运营逻辑。

畅销书《从零开始做运营》作者，<br>80分运营俱乐部创始人兼CEO，<br>得到精品课《有效打造你的个人品牌》主讲人　张亮

文旅行业的发展日益取决于产业端的效率提升，从消费互联到产业互联是旅游业走向现代服务业的必经路径，其间需要的正是像许义老师这样既了解市场需求又懂得运营方法的革新力量，相信许义老师的新书能够给文旅行业带来帮助和启发。

中国旅游研究院副研究员　张杨

许义作为最早一批在小红书平台上尝试推广斐济旅游的开拓者，他在这个新兴平台的探索经历具有借鉴意义。他深刻理解小红书用户的需求特点，为斐济产出了丰富的个性化产品和内容，成功吸引并转化了大量中国游客前往斐济旅行度假。

非常高兴他能够将这些成功案例整理成书，期待许义的著作能够为更多在小红书平台推广斐济旅游的从业者，带来灵感和启发。

斐济旅游局亚洲区及华人市场全球总监　郑入瑞

许义老师的《小红书变现 7 堂课》，是他多年对于数字营销实践的经验总结，他还特别加入了 AIGC 方面的内容，带给我很多收获和惊喜，文旅行业需要这样既接地气又能实操的专家，特别是在数字营销方面。

北京第二外国语学院旅游科学学院副院长　邓宁

小红书上聚集了很多一二线城市的优质消费群体，这些群体与小鹏汽车的用户高度重合，他们在小红书上搜索信息、形成决策，最终来到线下门店体验并购买。

我从许义老师这里多次获得过小红书运营的新方法，这本《小红书变现 7 堂课》不仅在方法和技能上提供了获得流量的全新思路，更在思维和认知上给出了策略指引。

小鹏汽车　韩非

拿到许义老师的新作，我迫不及待地一口气读完。我很欣赏许义老师对小红书关键概念的厘清，这实际上是在帮助读者反复思考：究竟为什么要做小红书？目标和行动之间的匹配如何对应？有没有与目标达成不一致的无效动作。

这本书里还有很多许义老师及其团队作为过来人的实战心得，能让一个初识小红书的运营者少走弯路，我会分享给身边每一位在做小红书的朋友。

十里芳菲花信风自然学堂主理人　张耀天

作为深耕全球旅游资源的酒店批发商，道旅一直密切关注旅游行业价值转移的趋势和分销格局的变化。

我曾和许义老师有过多次交流，我们共同认为流量渠道越来越细分和碎片化，而许义老师很早就注意到这些变化，并率先尝试完成从流量到交易的闭环。他所分享的运营方法和实战结果让我眼前一亮，我很佩服他愿意将这些宝贵的运营经验分享出来，他在小红书商业运营上的闭环能力非常罕见，相信能够给你带来启发。

道旅科技首席战略官　庄栋杰

许义又出新书了，我一点也不奇怪，他一直勤于思考、善于总结，且是有使命感的人。这本《小红书变现7堂课》包含了他过去10年对流量、生意、商业和运营的全部理解，更是他们团队实际运营小红书后的实战总结。

小红书正在成长为最受年轻人欢迎的生活方式社区和消费决策入口，很多旅游企业希望借助小红书实现生意增长，但运营结果常常事与愿违，许义的这本《小红书变现7堂课》也许可以让大家少走弯路。

鸿鹄逸游 CEO　郭明

越来越多的新消费品牌正在通过小红书"种草"实现从0到1的增长，文旅和消费品的营销方式不同，但内容种草的逻辑一样，都需要思考如何通过小红书激发兴趣、引发行为、完成变现，许义老师的《小红书变现7堂课》可以给国内的新消费品牌带来启发和思考。

周末酒店 CMO　郭为文

小红书上聚集了很多喜欢旅游的年轻人，我看到新疆的很多营地、景区、酒店、旅行社也正在积极拥抱小红书，许义的这本《小红书变现

7堂课》出版得正是时候，给希望在小红书上拿到结果的企业提供了高效运营的方法和思路。

新疆旅游景区协会秘书长　李磊

与许义老师的结识源于《新旅游》，时隔两年，又迎来许义老师的新书，在这期间，我们和许义老师的团队有过多次交流，从小红书的流量模型到航旅内容的营销运营方法，他对行业的洞察和实战经验的分享，给我和我的团队带来许多启发和帮助。

现在他将这些实战心得集结成书，相信能够帮到更多小红书项目的经营者与创业者。

华夏航空云集传媒　李冰妹

正愁公司的小红书运营效果不佳，我邀请许义老师来集团指导，他给我们提供了很多思路和方法。一口气阅读完许义老师的《小红书变现7堂课》，我如获至宝，原来每一个成功的账号背后都有着可被总结的逻辑与方法。

我们在小红书经营上遇到的很多难题，许义老师在书里早已给出了答案。

安徽环球文化旅游集团公司总裁　徐华玉

当前的文旅行业，消费者需求和流量趋势已经发生了很大的变化，小红书可能是未来两年里非常重要的流量入口、传播渠道和交易平台。

许义老师的新书，包含了他对交易供需及小红书流量的理解，相信会给很多的小红书创业者带来新认知。

bikego 旅行 / 大咖说创始人　毕胜

小红书作为当前最热门的"种草"工具，有从内容到变现的天然优势，许义老师的《小红书变现7堂课》从逻辑到落地，给大家提供了非常有价值的指导和参考，欢迎大家多阅读多实践。

6人游创始人　贾建强

我和许义有过多次的沟通、交流与合作，他在文旅行业积累多年，但他的思考和兴趣一直专注在商业和经营本身，我常常从他这里获得关于流量、运营、效率、交易的新观点和新思考。

这本《小红书变现7堂课》包含了他对这个时代流量和交易的最新理解和实战方法，正在为流量苦恼的创业者，不妨从他的书中寻找答案。

32号旅行创始人　卡尔范

许义老师给金华的文旅企业分享过小红书运营，他是我认识的真正用互联网思维做旅游的高手，他的真实和对行业的洞察能力令人印象深刻，他的《新旅游》已经助推文旅变革，相信这本《小红书变现7堂课》一定能够帮到正在为流量苦恼的文旅企业。

金华市文旅局市场处处长　邢凯

我曾经不止一次邀请许义老师来到丽江，指导丽江的酒店、景区、旅行社伙伴们运营小红书，他总结的"小红书单日获客破千的流量方法论"帮助丽江的旅游从业者成功抓住了流量红利，相信他的《小红书变现7堂课》可以帮到更多人。

丽江天意集创始人　尹秀芳

我在内容行业摸爬滚打十来年，服务了三四百家品牌方客户，和许义老师的即刻下单团队也共同服务过很多客户。许义老师的《小红书变现 7 堂课》，可以让小红书创业者、博主、品牌方学到小红书运营的真正精髓。

袁周云计算创始人　倪道亮

当前很多行业的流量都集中在以小红书等为代表的内容平台上，不管是企业还是个人，要想在内容平台上拿到结果，都需要找到有效的学习方法和路径。

许义老师在流量、运营、商业、创业领域积累多年，他的这本新书，会是大家很好的教练。

劲旅网创始人　魏长仁

小红书汇集了越来越多的内容和流量，交易两端的商家和消费者正在积极涌入小红书。许义老师的《小红书变现 7 堂课》是他专注运营、多年实战的心得总结，相信会给每位读者带来有价值的思考和启发。

乐游旅游集团总裁　李永生

许义老师在互联网行业有着 10 年的运营操盘经验，和大多数人不同，他勤于思考、想做实事，他的《新旅游》出版后，我送给了身边很多做企业的朋友，广受好评。没想到经过两年左右的时间他又出版了《小红书变现 7 堂课》，相信他的新书一定能够给行业带来新的力量。

资深旅游媒体人　肖江

《小红书变现 7 堂课》是一本文旅人必读的实战经营指南，它汇集了许义老师在小红书上操盘多个成交规模千万的成功经验，深入探讨了基于成交做流量的经营理念，他在书中还提供了独特的行业洞察和创新思维，如果你渴望自己的业务在小红书上实现从 0 到 1，这本书将是你不得不看的经营指南。

巴中市文旅集团副总经理　王晓东

不论对于企业还是个人，小红书都已经成为不可或缺的营销渠道，谁能深入摸透小红书的底层逻辑，谁就能最快地收获惊喜。但身边很少有人能将底层逻辑梳理清楚，账号如何定位？爆款如何打造？笔记如何产生持续的商业价值？

很高兴许义老师愿意将他在小红书一线深耕的经验和案例分享出来，如果你也想在小红书上实现突破，不妨来读许义老师的《小红书变现 7 堂课》。

Feekr 旅行联合创始人　沈涛

# 自序

有一次我到复旦大学分享"交易型流量的运营方法论",在整理那次分享 PPT 的时候,我发现我对流量的理解大部分来自最近一年深入运营小红书的思考和总结。

在撰写本书的 2023 年,我已经有 10 年的互联网从业经历,曾在同程旅游、携程旅游等互联网大厂任职,也运营过公众号、知乎等新媒体平台,其间还出过一本文旅行业的爆款书,但是对于流量、生意、商业和运营的理解,都没有最近一年亲自操盘多个小红书商业项目后通透。

其中最重要的原因是,小红书的商业反馈足够快。

在深入接触小红书的一年多时间里,我经历了多个不同行业不同类目从起号到变现的完整链条,也带领团队亲自运营过 100 多个小红书账号,任何关于流量、生意、商业和运营的理解都可以在账号运营的一周时间内得到验证、反馈、调整和优化,这是我过去 10 年运营生涯里不曾有过的商业训练。

在经历多次从起号到变现的商业训练后,我终于开始有了写书的冲动,我想将自己过去 10 年对流量、生意、商业和运营的全部理解,结合我运营成功的小红书案例,系统、完整地梳理和总结出来。

我之所以对流量、生意、商业和运营保持始终如一的关注,是因为我一直相信一句话：只有真正的天才和高手才能依靠感觉做事情，大部分人只有经过严格的训练，建立逻辑体系和思考框架，才能提高做事成功的概率。

而我观察到身边的一些创业者和操盘手，做事情缺少思考和框架，他们做的每件事情的成功与失败，更多的是依靠堆资源和拼运气，在小红书运营上也一样。

但是我们身处的时代已经是一个"认真都不一定能确保成功，随意几乎就注定失败"的充分竞争时代。

我经常听到很多人对于小红书的描述是"小红书的流量是玄学"，但真的是这样吗？

我可以非常负责任地说，小红书的流量不是玄学，每一个运营成功的账号背后都有着可被总结的底层逻辑和运营方法。我在书中分享的很多内容，你可能在某些地方或多或少听过、看过，但是你的小红书账号没有做起来，很重要的原因是缺少逻辑和体系。

另外，在撰写本书期间，还有一些关于个体生存、职业发展、经营创业的启发思考支持着我一定要完成本书。

## 1. 互联网上的个体户

我在 2014 年本科毕业，赶上了移动互联网发展的最后一拨红利，有机会在毕业之后先后进入同程旅游、携程旅游这样的互联网公司，其间获得了相对不错的职业训练和能力提升。

但是在撰写本书的 2023 年，互联网红利即将消失殆尽，过去"80后""90后"希望通过努力获得较高职业收入的上升通道逐渐收窄，即便那些过去依靠打工已经获得百万年薪的"80后""90后"，在今天工作也变得不再稳定，存在各种职业风险。

但是，我观察到越来越多的年轻人通过运营小红书月入过万，有的甚至将小红书运营从副业变成主业，开启了"只工作不上班"的全新生活。

他们结合自己的特长、能力、积累和优势，通过小红书表达自己，在互联网的世界里利用发布的一篇篇笔记实现与手机另一端同好用户的相互连接。无论是以广告合作还是产品服务的方式，他们体面地表达自己、交换能力、获得收入。

原来，这个时代获得较高收入的逻辑和方式已经不再像过去那样单一，有的人通过小红书成了细分领域的达人，有的人运营小红书的回报已经远超上班的职业收入，有的人开始在职业之外找到了自己的热爱……

他们是这个时代典型的互联网上的个体户。

## 2. 供需的连接器

商业的本质是价值交换，交换的前提是供需连接。

互联网供需连接的方式曾经要依靠淘宝、京东等电商平台，但我在运营多个行业的不同账号后，突然发现原来在小红书上发布笔记就可以找到很多精准用户，他们对你的笔记点赞、收藏、评论，甚至给你发私信、问价，最终实现交易，他们在所有互联网平台上均是颇具价值的用户，他们很好说话也很少讲价。

我发现露营、汽车、民宿、酒店、服饰、旅行、咖啡、摄影、家装等越来越多的行业开始涌入小红书，对比传统的线下门店、电商平台，小红书上流量更大、成本更低、效果更好、赚得更多，即流量成本低、交易效率高、流量规模大。

越来越多的行业在小红书上找到了供需连接的新方式。

## 3. 生意的放大器

2022 年的暑假，虽然处于特殊时期，但我已经尝试在小红书上发布笔记来寻找旅行用户的精准咨询。我的团队在初期用了 5 个账号在小红书上发布旅行笔记，在之后不到两周的时间里，平均单日获得的私信咨询超过 1000 次，这让我十分惊讶，要知道旅游行业中一个精准旅行用户的开口咨询流量成本至少是 50 元，这意味着我们在没有投入付费成本的情况下，单日的流量价值已经超过 5 万元。同时，单日 1000 次咨询的流量规模放在任何一家旅行公司都是不小的体量。

也因此，我在公司增加了效果营销品牌"即刻下单"，通过小红书平台为多家公司提供精准流量来源，将一个个传统线下生意的规模不断放大。

在这个过程中，我甚至还看到了在小红书上教人做裁缝、卖宝宝辅食、卖梦想墓碑等收入百万元的生意……

越来越多的个体在小红书上有了从 0 到 1 的变现案例，越来越多的生意通过小红书得以放大，更重要的是，小红书的商业化才刚刚开始。

## 为什么我想写这本书

我深入接触小红书的时间其实并不长，但小红书带给了我很多预期之外的收获。因为小红书，我对商业和流量的理解更加透彻；因为小红书，我创立了新的效果营销品牌"即刻下单"；因为小红书，我的公司获得了多项业务合作；因为小红书，我认识了很多优秀的流量操盘手；因为小红书，我看见了一个个向上生长的互联网个体户……

我想撰写本书的第一个原因是，我发现大多数人对小红书的理解是不对的。

我经常遇到这样一些问题："是否需要开企业号？""几点发笔记？""如何做爆款？""一天发几条？""怎么给联系方式？"每次遇到这些问题，我就知道对方对小红书的理解还不够。

对方最关心的是这些问题，说明他还不理解笔记和有效笔记、爆款和有效爆款、流量和有效流量的交易闭环。

我想要撰写本书的第二个原因是，我亲历了小红书带给普通人的机会和改变，也想让更多人看见和相信小红书有帮助他们生活变好的可能。在我大学毕业刚刚工作的时候，我就非常希望通过发展副业提升自己的能力和收入，但是因为当时认知的局限，缺少方向和方法。然而今天，小红书上已经有很多从素人到博主、从副业到主业的变现案例，很多普通人通过小红书提高了收入。

我个人觉得小红书可能是当今社会状态下，留给年轻人获得人生可能的一种路径。

我想要撰写本书的第三个原因是，我自己常常收到不少公司和身边朋友关于小红书运营的诊断咨询，因为时间的关系我无法对他们一一回复，但是没过多久遇到他们的时候，发现他们走了很多弯路。

小红书运营需要解决的不是简单的流量问题，而是基于交易变现的商业路径构建问题，即便我对过来咨询的朋友一一回复，也无法用几句话系统地阐述我对小红书商业路径构建的全部理解。

因此我想将本书写给每一位向我咨询的朋友，帮助他们在小红书运营的道路上少走弯路。

我想要撰写本书的第四个原因是，我喜欢给别人带来好的改变。过去一年里，我常常收到由我们即刻下单团队指导合作过的企业发来的由衷感谢，这些由我参与、真实发生的案例反馈，曾经给过我很大的鼓舞。

我热爱商业和运营，喜欢思考和表达，在过去 10 年的时间里，我对流量、生意、商业和运营有着长期的关注和研究，面对复杂的商业现象，我喜欢抽丝剥茧、娓娓道来，既享受厘清一个复杂现象的畅快，也能从帮助他人、改变他人的反馈中获得成就感。

在撰写本书之前，我已经写过一本细分领域的畅销书，获得过很多好评和反馈。如果能够把我对小红书运营的理解传递给更多有需要的人，可能会改变一个人的职业发展、家庭收入，可能会扩大某个企业的流量入口、生意规模，这是我理解的像我这样的普通人回报社会的有效方式。

## 为什么我可以写这本书

在撰写本书之前，我调研了市面上可以公开找到的小红书运营学习资料，对比下来我很有信心，我相信本书中提到的很多运营观点和方法技巧，是你在阅读本书之前不曾听过的，这离不开我每天接触的一手案例和操作多个项目、多个账号的运营体感。你可以在本书中看到很多完全由我原创总结的运营公式和词汇术语，比如供需比、交易公式，这些来源于实际业务且每天进行、正在发生、非常有用的思维和工具，你在其他地方很难看到。

我还想举几个实际的例子来体现这本书的阅读价值。

比如，在运营方法论维度，我们提倡"有预期地发生"，即每一个找我合作，经评估后的小红书商业项目，我都可以在项目启动之前给出清晰的成本预测、数据反馈、收益回报和执行时间，包括我想要的运营结果及对应结果必须经历的过程，在开始运营之前，我会在脑海里推演，至于项目的启动，只是让运营同学执行我已经想好的关键步骤。

比如，在运营维度，我提倡"指哪儿打哪儿"和"可复制的成功"，即无论什么行业类目，在深入调研以后都可以清晰地估测该用什么方式在什么时间拿到多少流量获得多少变现。我总结的小红书运营方法不仅体现在运营某篇笔记某个账号某个行业的成功上，还可以被复制到多个行业的多个领域，也正因如此，我帮助了不同企业在小红书上获得了远超预期的商业效果，比如后秀运动服、\*\*航空、\*\*度假村、VANS、凯乐石、三棵树、十月天使、\*\*快递、\*\*旅行（受合作条款限制，部分名称无法公开）。

本书中类似这样的思维和案例还有很多，相信你在认真阅读后，也能具备相应的思考习惯和运营能力。

除此之外，我可以写这本书还因为我对互联网行业有经历、有参与、有理解。我在运营小红书之前运营过的微信公众号和知乎账号都是对应领域的头部账号，我对新媒体的内容创作有着完整且系统的理解，这些支撑了我在深入接触小红书一年多的时间里，操盘多个业务的多个账号获得正反馈，我自己创立的效果营销品牌"即刻下单"运营的多个细分类目也在小红书排名前列。

## 这本书适合谁

从规划这本书开始，我便以一个商业产品经理的视角思考这本书适合谁。

### 学生、宝妈及上班族

学生、宝妈及上班族一直是小红书的主要人群，运营诉求更多是发展副业，这本书提供了在小红书上从起号到变现的完整运营方法和流程体系。按照书中提供的方法和流程操作，相信很快可以搭建一个适合自己的小红书账号。书中提到的简历修改、博主广告、知识付费、技能服务等变现路径，都可以作为个体结合自己的能力、优势、特长、喜好持续探索的方向。

## 商业流量操盘手

我日常在接洽企业咨询过程中沟通最多的就是商业流量操盘手，每一个需要流量的企业都离不开小红书，商业流量操盘手一定有关于小红书运营的很多困惑。

如何引流？如何起号？如何运营？如何"日控"？如何管理？

很多流量操盘手非常容易陷入追逐"流量之术"的误区，但我想说的是，只要是"术"层面的技巧都有适用场景和限制条件，环境变了，技巧就不管用了，对于"流量之道"的长期探索才是一个优秀操盘手应该追求的方向。

本书提供的方法和案例都是对我负责过的账号和案例的思考和总结，其中关于生意、流量、运营、变现的逻辑公式都是我对"流量之道"的深刻理解，在还原的实际业务场景案例中，可能会包含你在业务中遇到的实际问题。其中提供的运营工具和管理表格，很多都是我们团队正在使用的，相信会让你提升效率、少走弯路。

## 创业者

本书的一大特色就是内容来源于我本人的实践与思考。作为一位创业者，我撰写本书的起点是我创立经营着一家效果营销公司，我对小红书的很多思考更接近经营和生意本身，在本书中提到的很多案例描述和运营思维里，你可以看到关于运营目的的反复推演，从经营一家公司的创业者视角考量，小红书运营到底解决了我生意中的什么问题。

书中基于小红书运营的战略定位、成本评估、交易公式、长期价值等都可以让每位创业者对小红书的理解更加通透。每个生意的运营人员都可以思考自己的生意是否可以在小红书上重新做一次，每个创业者也都应该多多关注小红书。

最后，本书包含了我过去 10 年对于流量、生意、商业和运营的全部理解，还带着这个时代的内容创业者对于闭环商业路径构建的思考和启发。

现在这本书已经在你手中，它足够丰富饱满，也足够理性真诚，希望能给你在小红书变现的道路上提供些许帮助，也欢迎关注我的个人微信公众号"Travel 星辰大海"，我将在这里继续分享我对小红书的理解、观察和发现。如果你还想了解更多小红书引流技巧和案例，可以在我的微信公众号"Travel 星辰大海"，回复关键词"引流"，进入交流群，领取一份小红书引流方法 PPT。

# 目录

## 第1章 认知：重新认识小红书 ... 001

### 1.1 99%的人都不认识小红书 ... 002
- 1.1.1 小红书是什么样的平台 ... 004
- 1.1.2 小红书的用户都是哪些人 ... 007
- 1.1.3 小红书的用户有哪些需求 ... 011
- 1.1.4 小红书正在成为女生的"百度" ... 012

### 1.2 小红书的流量机制和流量结构 ... 014
- 1.2.1 小红书流量的运行机制 ... 014
- 1.2.2 小红书笔记的流量结构 ... 017

### 1.3 为什么要做小红书 ... 019
- 1.3.1 小红书是匹配供需的连接器 ... 019
- 1.3.2 运营小红书的成本和收益 ... 022
- 1.3.3 小红书的当下和未来 ... 024

## 第2章 定位：开始小红书运营之前 ... 027

### 2.1 明确运营目的，量化过程管理 ... 027
- 2.1.1 明确目的是小红书运营的开始 ... 027
- 2.1.2 量化运营目标与过程管理 ... 029

- 2.1.3 为什么粉丝数量不重要 .................................. 033
- 2.2 拆解对标账号，明确商业定位 .................................. 034
  - 2.2.1 拆解对标账号 .................................. 035
  - 2.2.2 明确商业定位 .................................. 036
- 2.3 好的账号定位是什么样的 .................................. 040
  - 2.3.1 昵称、头像、简介、背景 .................................. 040
  - 2.3.2 真实、垂直、信任、直接 .................................. 044
- 2.4 新账号的注册与起号准备 .................................. 045
  - 2.4.1 新账号注册的注意事项 .................................. 045
  - 2.4.2 新账号起号准备的技巧 .................................. 046

## 第3章 爆款：掌握方法批量写爆款 .................................. 049

- 3.1 爆款笔记的底层逻辑 .................................. 049
  - 3.1.1 爆款和有效爆款 .................................. 049
  - 3.1.2 爆款笔记的5个竞争和5个转化率 .................................. 052
  - 3.1.3 爆款笔记的4个写作公式 .................................. 058
- 3.2 爆款笔记选题的3种方法 .................................. 063
  - 3.2.1 需求图谱选题法 .................................. 064
  - 3.2.2 爆款重复选题法 .................................. 068
  - 3.2.3 组合公式选题法 .................................. 070
- 3.3 爆款笔记标题的写作技巧 .................................. 071
  - 3.3.1 爆款笔记标题类型 .................................. 071
  - 3.3.2 爆款笔记标题技巧 .................................. 073
- 3.4 爆款笔记封面的3个原则 .................................. 075
  - 3.4.1 提示内容和打开理由 .................................. 078
  - 3.4.2 提供丰富的信息点 .................................. 079
  - 3.4.3 图片美观和质感 .................................. 080
- 3.5 爆款笔记正文的写作技巧 .................................. 082
  - 3.5.1 爆款笔记正文的3个结构 .................................. 082

3.5.2　内容交付的 3 层价值 .................................................. 089
　3.6　爆款笔记评论区运营技巧 ............................................... 091
　　　3.6.1　评论置顶 ............................................................... 091
　　　3.6.2　引导氛围 ............................................................... 092
　　　3.6.3　给出指令 ............................................................... 093

## 第 4 章　引流：关键运营开启流量加速度 ........................... 094

　4.1　小红书涨粉的底层逻辑和构建路径 ................................... 094
　　　4.1.1　账号涨粉的 3 个误区 .............................................. 094
　　　4.1.2　账号涨粉的构建路径 .............................................. 097
　　　4.1.3　决定涨粉的关键要素 .............................................. 100
　　　4.1.4　账号涨粉的 7 个方法 .............................................. 102
　4.2　提升笔记流量的有效方法 ............................................... 105
　　　4.2.1　SEO：有搜索的地方就有 SEO ................................ 105
　　　4.2.2　权重：影响排序的重要因子 .................................... 109
　　　4.2.3　投流：放大值得放大的流量 .................................... 111
　4.3　互动是小红书的流量开关 ............................................... 118
　　　4.3.1　什么是互动指数 ..................................................... 118
　　　4.3.2　笔记没有互动，流量就不会流动 ............................. 119
　4.4　小红书的引流与限流 ...................................................... 124
　　　4.4.1　哪些行为容易被判引流 .......................................... 124
　　　4.4.2　如何避免账号被限流 .............................................. 126
　　　4.4.3　小红书引流的 7 个方法 .......................................... 130

## 第 5 章　变现：怎么在小红书上赚到钱 ............................... 135

　5.1　变现误区和变现步骤 ...................................................... 135
　　　5.1.1　很难变现的 4 种账号 .............................................. 135
　　　5.1.2　账号变现的 5 个步骤 .............................................. 137
　5.2　变现思维和变现方法 ...................................................... 138

　　　　5.2.1　供需的连接器和生意的放大器 .................................. 138
　　　　5.2.2　矩阵号布局放大流量 ................................................. 141
　　5.3　值得关注的 3 种变现模式 ............................................................ 144
　　　　5.3.1　私域变现 ..................................................................... 144
　　　　5.3.2　广告变现 ..................................................................... 148
　　　　5.3.3　电商变现 ..................................................................... 153

# 第 6 章　案例：一个个正在发生的变现案例 ............................. 157
　　6.1　机票代理行业小红书高额变现 .................................................... 157
　　6.2　小众需求赛道单月变现几万元 .................................................... 162
　　6.3　纯小白如何在小红书接广告 ........................................................ 173
　　6.4　小红书好物博主的成长历程 ........................................................ 177

# 第 7 章　工具：善用工具让效率翻倍 ........................................ 193
　　7.1　小红书管理工具推荐 .................................................................... 193
　　　　7.1.1　小红书笔记自检清单 ................................................. 193
　　　　7.1.2　小红书笔记选题表格 ................................................. 195
　　　　7.1.3　小红书运营日控表格 ................................................. 197
　　7.2　小红书运营工具推荐 .................................................................... 199
　　　　7.2.1　数据分析工具推荐 ..................................................... 199
　　　　7.2.2　笔记制作工具推荐 ..................................................... 204
　　　　7.2.3　趋势、规则、渠道推荐 ............................................. 207
　　7.3　小红书 AI 创作工具推荐 ............................................................. 208
　　　　7.3.1　ChatGPT 使用方法 ..................................................... 209
　　　　7.3.2　AI 创作工具推荐 ........................................................ 217

# 附录 A ............................................................................................. 220

# 后记 ................................................................................................. 227

# 第1章
# 认知：重新认识小红书

我经常收到一些关于小红书账号运营的诊断咨询，有很多希望在小红书上获得收益但找不到运营方向的企业希望我能帮助他们看一看，但是当我让对方在沟通之前把账号遇到的问题具体化的时候，有些咨询者开始变得模棱两可起来，除了"我的账号数据不好""小红书怎么做"以外，他们很难继续描述和提出一些具体问题。

不清楚运营小红书的必要路径和过程；
不知道从哪些维度去提升流量和咨询；
不知道自己的账号处在哪个运营阶段；
不知道为什么要做小红书运营；
发了很多笔记但没有爆款，有了爆款但没有变现；
……

不只是把小红书运营当作副业的个人运营者，还有一些希望通过小红书获得线上流量的企业，在小红书的实际运营中都会遇到以上情况。这背后的原因是一些人做事缺少一个基本习惯：开始之前先对事物进行系统研究和细致评估。随意开始、随意结束、没有目标、没有过程，当然，最后也没有结果和结论。

对应到小红书运营上，开始之前没有真正认识小红书，会导致大部分人的结局是达不到效果，而由于认识不足、判断不清导致的理解误区，也会使参与运营的公司或个人的努力贬值。

理解得不对，就不可能做对，想都想不到，也不可能做到，最后的结果就是辛苦但低效。我看到很多账号努力发了 100 篇笔记后，依然换不来一个有效的咨询，即便有很多不错的爆款笔记，但最后没有一分钱变现。

作为小红书变现的第一课，我想在你开始决定运营小红书之前，带你全面系统地重新认识小红书。

## 1.1 99% 的人都不认识小红书

你觉得小红书运营简单吗？

我相信你的回答应该是不简单，你一定是想做好小红书或者至少有一些运营上的疑惑，才会选择打开这本书，期待找到技巧和方法。

那你觉得小红书运营很难吗？

你的回答或许是好像也没有多难。从一篇笔记的撰写到发布的整个流程来看，的确比较简单。

那么我们应该怎么认识小红书及小红书的运营呢？

"99% 的人并不认识小红书"是我去年在微信公众号上分享过的一篇文章，后来有一次和小红书平台的人聊天，他们说我总结得很好，的确有很多人还不理解小红书就开始了小红书的运营。平台内的人觉得这句话是对的，但是运营小红书的人却不一定同意。

去年我去一家文旅企业辅导小红书运营，一见面他们提了很多运营上的具体问题，我们的沟通结束后，他们惊讶地发现，我眼里的小红书和他们原先认识的小红书，差别之大竟像是两个不同的软件。

我相信每个决定要做小红书的人，手机里都安装了小红书，但是如果我提出关于小红书的一些问题，很少会有人全部答对：

从创作者和用户的角度来看，小红书和抖音有什么区别？
小红书的用户群体是谁？
小红书的用户群体有什么偏好和特点？
小红书笔记呈现给用户的规则是什么？
一篇笔记的流量到底由什么决定？
为什么当前阶段是运营小红书的好时候？
小红书笔记的选题逻辑是什么？
小红书接下来有哪些变化？
……

实际上这很奇怪，我们想在一个平台拿到好的运营结果，却对这个平台认识、了解不足，这就像当你决定追求一个女孩子，却不了解她的兴趣和喜好。想依靠平台做内容创业就必须清楚，运营者不能只关注自己的需求，还要关注平台的需求和用户的需求，只有得到了平台的喜欢和用户的喜欢，我们的内容才会获得好的反馈，也才能真正实现我们的运营目的。

我早期在携程旅行工作过，后来自己创业运营旅行品类里的内容流量和搜索流量，完整接触小红书的时间其实并不长。在我深度接触小红书的这段时间里，我带着过往内容流量和搜索流量的运营经验，负责或见证了多个通过小红书从0到1变现百万元的项目，也看过很多运营失败的商业案例，如果用一句话总结小红书运营那就是：认真尚不能轻易成功，随意几乎就注定失败。

接下来请跟我一起重新认识你已经"熟悉"的小红书吧。

## 1.1.1 小红书是什么样的平台

在认识小红书之前，我们先看看小红书是如何走到今天的。

**小红书发展历史**

我们简单看一下小红书的发展历史，这样可以更好地理解小红书和其他内容平台在社区气质、交流氛围、用户属性和商业价值上的不同。

2013年6月，小红书公司在上海成立，同年12月，小红书推出海外购物分享社区。其实，小红书的第一个产品形态极其简单，仅仅是一份名为"小红书出境购物攻略"的PDF文件，放在小红书网站上供用户下载，出人意料的是，就是这么一份简单的PDF文件，竟然获得了网友的热捧。

2013年10月，也就是这份购物攻略放到网站不到一个月，就被下载了50万次。不过由于PDF攻略是基于事实信息的整理，无法做到信息碎片化，也就很难和用户之间产生即时、双向、有黏性的互动机制，于是，小红书开始了第一次转型。

2013年"小红书购物笔记"APP上线，从一开始就构建了UGC内容社区的雏形，它的重点不在于购物交易，而是为各类海淘用户内容输出与互动交流提供平台。

可以说，UGC的内容生产模式是小红书最重要也是最正确的产品决策，其奠定了小红书在日后发展过程中始终贯穿的"分享美好"的社区基因。在小红书发展初期，迅速培养了一大批种子用户。

通过梳理小红书的发展历史不难看出，小红书早期的核心用户是一群有海外旅游、购物背景的年轻都市女性，她们既有一定的经济实力，又愿意分享，这也注定了这个社区天然具有"内容"与"商业"双重基因，可以在微信、抖音、B站等众多内容平台中塑造出独有的社区调性和商业氛围。

我先后经历过电商平台、知乎、微信公众号等新媒体平台的流量路径，能直观地感受到小红书作为一个生活方式社区，其最大的独特性就在于，大部分互联网社区更多依靠线上的虚拟身份和创作内容来交互，而小红书用户发布的内容都来自真实生活：一个用户通过线上分享消费体验，引发社区互动，能够推动其他用户来到线下消费，这些用户反过来又会进行更多的线上分享，最终形成一个真实生活友好分享的正循环。

这也是小红书现阶段的商业潜力比其他平台明显大很多的原因。

**与其他内容平台的区别**

如果你分别打开小红书和抖音、快手或视频号，各玩1分钟再回到这里，就会发现小红书与抖音、快手、视频号等内容平台有着本质的不同。

这个不同就在于小红书用户获取内容的方式是"搜"，而抖音等视频平台用户获取内容的方式是"逛"。两种获取信息的方式决定了用户习惯、内容类型和内容创作者的运营方向，更体现出了小红书用户的巨大商业价值。

"搜"的行为背后是用户有明确的需求，希望能够快速了解到某个信息、看到某块内容，最终形成某项决策，对信息获取效率的要求较高。

"逛"的行为背后是放松、休闲、无明确目的，更偏重娱乐和轻松，甚至不太喜欢看到太商业的内容，如果想要商业化，内容要设计得更讨巧、植入得更柔和。

即便是同一个用户，在"搜"和"逛"的使用场景下，商业价值也差别巨大，因为搜索的下一个行为很可能就是交易。所以，基于小红书用户更喜欢"搜索"的属性，相比其他平台，小红书流量的质量更高、商业价值更大。有人曾这样类比过不同平台账号粉丝的价值，一个公众号粉丝等于 5 个小红书粉丝等于 20 个抖音粉丝。在公众号打开率越来越低的今天，小红书的流量价值将越来越受到重视。

以上对比的是不同平台的流量属性和变现价值，下面继续从用户规模和平台特点来对比。

从用户规模来看：

这几个平台的月活用户数从大到小依次是微信、抖音、微博、快手、B 站、小红书、知乎。小红书的用户规模虽然没有抖音、快手、微博的大，但是也有几亿的月活，这个量级已经很大了，同时，小红书的用户增长速度比较快，目前使用者中中老年人群和男性人群正在不断扩大，完全有理由相信，未来小红书很有可能成为一个国民级应用。

同时对比其他几个平台，小红书平台目前还处于发展期，并不像其他平台已经非常成熟，意味着当前还有一定的入局红利，在流量平台的占位时机上，早，就是优势。

从平台特点来看：

不同平台的产品逻辑不同，社区氛围也不同，用户画像很不一样，适合的产品和做法也不一样。

相对来说，抖音更适合新奇的、具有视觉冲击力的内容；小红书更适合高颜值、具有精致感的内容；B 站适合有特色且深度有趣的内容；微博更适合做品宣类推广、舆论制造与扩大；知乎流量比较长尾，需要深度分析和探讨，适合不追求即时转化的内容。

从用户获取信息效率来看：

图文 > 短视频 > 长文 > 长视频，毫无疑问，用户在小红书通过简单的搜索就能知道对应领域的关键信息，然后辅助决策形成下一个行为，而抖音等短视频则需要用户耐心地看完一段视频才能获取完整信息，单位时间获取的信息密度更小。显然，小红书目前的图文内容获取信息的效率是远高于抖音的，所以即便抖音等短视频平台再火，也不妨碍小红书受到很多人的喜欢。实际上，抖音也一直想弥补图文版块的短缺，在 2022 年下半年推出了抖音图文来弥补短视频获取效率上的不足。

不同平台的对比维度和视角还有很多，现在关于小红书平台，你至少可以得出这样一些认知：

**一是**小红书的平台流量足够大，从年轻女性到中老年和男性群体，覆盖人群正在不断拓宽。

**二是**小红书平台内的商业化氛围好，用户对产品、服务、信息的需求强烈。

**三是**小红书用户获取内容主要依靠搜索，搜索需求的商业价值很大，本书后面谈到的很多小红书运营技巧也是基于搜索展开的。

我们不妨这样来理解小红书：小红书最早从购物工具切入，如今变成了一个生活方式分享平台，在这里聚集了大量真实的人、有趣的品牌，变成了生活方式的发源地和分享地，也逐渐成为了很多女性用户的"百度"。任何一个计划投入小红书运营的企业或个人，都要在出发前评估清楚，结合自己的业务特点和运营目标来判断要不要入局小红书。

## 1.1.2 小红书的用户都是哪些人

小红书典型的内容形式是图文笔记，在小红书获取用户的最好方式就是生产有价值的内容。生产有价值的内容之前必须先了解你面对的用户人群，那小红书的用户都是哪些人呢？

从图 1-1 可知，网络公开信息显示，小红书拥有 2 亿名月活用户，其中 72% 为 90 后，一般生活在一二线城市，女性用户比例为 70%。年轻化、消费能力强劲，依旧是小红书平台用户最重要的特征。

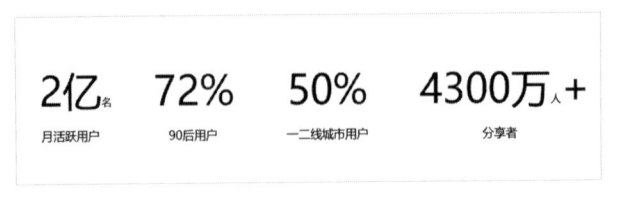

> 2亿名　72%　50%　4300万人+
> 月活跃用户　90后用户　一二线城市用户　分享者

图 1-1　小红书用户群体画像

不论是最早的海外购物笔记社区，还是今天的生活方式分享平台，小红书 APP 一直在围绕有高品质商品购买需求的用户群体来设计。

### 用户群体

如果将小红书的用户群体进行拆分，将发现用户普遍具备以下特点：

- 女性是最主要的目标用户，女性更爱逛街购物，更倾向于在国外购买比国内更便宜的奢侈品与高品质商品。
- 年龄集中在 20~35 岁之间，该年龄段人群处于消费稳定期，购买力强。
- 用户包括大城市白领、公务员及留学生等，有良好的收入基础，追求生活品质。

### 用户画像

小红书总结了平台用户的六大人群标签：Z 世代、新锐白领、都市潮人、单身贵族、精致妈妈和享乐一族，从每个人群的标签上可以看到不同人群的特点。这六大人群是目前小红书覆盖的最主要的人群，也是小红书笔记的主要阅读对象，从内容创作的选题和方向来说，了解他们的需求特点，可使运营事半功倍。

以下为部分人群举例：

| Elaine | 在澳洲读书的留学生 |
|---|---|

基本属性：23 岁，在澳洲读硕士，学习繁忙，但也会参加很多社交活动，爱旅行更爱购物。

购物习惯：由于在国外且经常旅行，因此购物场景为线下购物中心，时间多集中在当地折扣季。

产品行为：乐于分享的高度活跃用户，年轻有激情，渴望分享的笔记被认同，在社区内友好交流。

| Kennedy | 职场精英女性 |
|---|---|

基本属性：35 岁，在职场打拼多年，有所成就，收入较高，衣食无忧。极其繁忙，可能因为重事业而没有结婚，也可能结婚了但每天除了工作就是照顾孩子，疲于奔命，压力大。

购物习惯：舍得买高端商品，打折季也会网购；护肤品、美妆全部为高端单品；每年固定出境游，其间疯狂扫货。

产品行为：不会频繁地分享笔记，更喜欢搜索，帮助自己比较决策，会收藏很多笔记。

| Lucy | 生活小资的魔都白领 |
|---|---|

基本属性：27 岁，重点高校学历，有气质有涵养，生活小资，追求品质。

购物习惯：偶尔会买奢侈品，使用中高端护肤品和美妆；服装兼具大牌与高性价比单品；常常买高品质的生活装饰用品，喜欢旅行和露营。

产品行为：喜欢发笔记分享生活，比较乐于分享购物笔记，购物兼具高端大牌与小而美的商品。

## 使用场景

将小红书用户的使用场景进行提炼，会发现以下高频使用场景：

- 准备出境游时，通过小红书查询旅行攻略，寻找酒店和玩法。
- 日常浏览笔记找到最值得购买的商品，并添加至专辑，形成购物清单。
- 购买到好物或旅行时，在小红书分享购物笔记和生活日常，获得赞赏与关注，回答其他用户疑问，满足成就感。
- 日常闲暇时间，毫无目的地刷刷小红书，看看目前流行的趋势，顺带发现好货或者哪里好玩。
- 日常闲暇时间，逛小红书福利社和商品类目，找到中意好物完成购买。
- 有护肤、旅行、香水、礼物、服饰等方向的购买需求，但不知道该买什么、在哪里买，在小红书搜索比较后与朋友讨论。
- 被小红书推送消息吸引，进入 APP 浏览专题。

综上所述，不难发现，如今的小红书用户有这样几个普遍特点：

- 女性用户居多。
- 一二线城市用户居多。
- 18~34 岁年轻用户居多。

"女性""年轻""发达城市"，呈现出爱尝鲜、爱生活、高消费能力以及爱分享的用户人群特征，这对很多行业都是最有消费力的商业人群，比如美妆、旅行、美食、母婴、家居、服饰穿搭、宠物、减肥健身。

## 1.1.3　小红书的用户有哪些需求

前面提到了小红书用户的人群画像和使用习惯，我们再细致看看小红书用户通常都有哪些需求。从一个运营者的视角出发，可以按照是否有明确的购物目的将小红书用户简单地分为两类。

**没有明确购物目的的用户**

这种用户是小红书的主力用户，也是小红书庞大的内容消费者，他们会"逛"很久，会对好的内容做出反馈行为，比如点赞、收藏和评论，默默关注自己喜欢的博主或笔记，希望未来有一天能够用得上。

他们很希望在小红书上发现一些感兴趣的主题，"种草"一些产品，或者看见更多人的美好生活。

**有明确购物目的的用户**

这部分人群会在有明确购物需求时打开小红书，通过关键词搜索对应需求下的内容或产品，他们更多的是把小红书当作一款功能型产品来使用，希望从小红书中获得相关产品的真实评价，或者可以在小红书这个平台上直接购买该商品。

以上两类用户也反映了小红书平台的两类用户需求，即没有明确购物目的的购物和有明确目的的购物，两类需求甚至会出现在同一个用户同一个决策的不同阶段或者同一个用户面对不同决策的不同阶段。作为内容生产者，要对应目标人群的不同需求提前生产不同的笔记内容等着被目标人群来搜索，具体的内容运营策略将在后面的章节详细展开。

除了从有无明确购物目的的角度将需求分类，还可以从"2022年千瓜活跃用户画像趋势报告（小红书平台）"中看到基于美妆个护、美食、母婴、家居家装、服饰穿搭、宠物、减肥健身等细分行业的人群洞察以及背后满足的底层需求。

- 美妆穿搭用户人群的需求标签：流行男女、爱美、精致、不被定义、体现个性。
- 家居用户人群的需求标签：家居控、追求生活幸福感、注重生活品质，希望在小红书找到装修灵感，辅助决策。
- 宠物用户人群的需求标签：缓解压力、疗愈人心、缓解生活的焦虑和枯燥。
- 旅游消费类人群的需求标签：私享、小众、有趣、精致，玩得不一样。

我们还可以看到在小红书上知识收藏类笔记、美图美女类笔记的效果一般都很好，其实这类笔记满足的是用户的"懒""省事省时间""情绪价值""成长提升"等底层需求。

## 1.1.4 小红书正在成为女生的"百度"

"2亿人的生活经验都在小红书"是冬奥会期间小红书主打的广告语，今天小红书更广为人知的广告语则是"标记我的生活"，从找到"国外的好东西"到"全世界的好东西"再到"全世界的好生活"，可以明显地感受到小红书正在渐渐融入更多人的生活。

在最近的小红书 Will 商业大会上，小红书官方公开表示，"搜索已经成为小红书用户最高频的使用场景"，小红书的日均搜索查询量为3亿次，而日均用户搜索占比高达60%（如图1-2所示）。

图1-2 小红书 Will 商业大会展示的数据

从我自己的亲身体验来说，今年我家装修，小红书几乎贯穿了我家装修决策的全过程。从装修风格、设计师寻找、装修避坑、材料选择、签合同到家电购买，每一个装修中的"遇事不决"，我们都会首先打开小红书搜索攻略。更神奇的是，我爱人负责了装修的整个过程，有一天她告诉我，她也要运营自己的小红书账号，记录和分享新家装修的过程。从内容消费者到内容创作者，这是小红书最神奇也最有魅力的地方，它构建了很多人参与、互动、分享、收获的循环（见图1-3）。

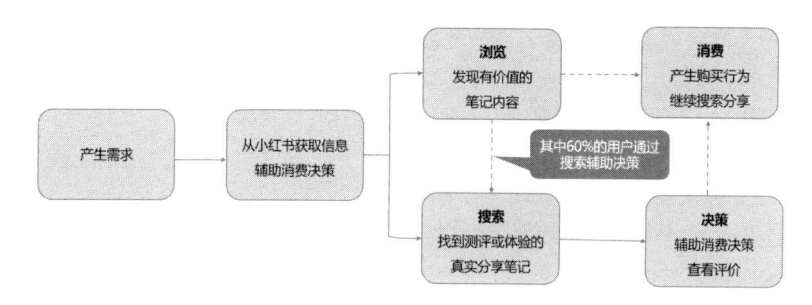

图1-3 小红书用户的浏览－搜索－决策－消费闭环

从我们公司运营的文旅类账号来看，我们发现笔记70%的流量来自搜索，这说明越来越多的旅行者在出行前的决策阶段会打开小红书看一看，帮助自己选择酒店和游玩方式。有一次我去泰国旅行，通过小红书报名了当地出海项目，出海当天导游告诉我，"这个团里20人，18人来自小红书。"

随着用户量级的不断扩大，小红书的使用人群也从年轻女性用户走向年轻男性群体和中老年群体，功能也从"百度"扩充到了"贴吧""大众点评""58同城"，未来有一天，我相信小红书会成为国民的"百度""贴吧""大众点评""58同城"……

## 1.2 小红书的流量机制和流量结构

如果你完整运营过一个小红书账号，相信会有关于笔记流量的诸多困惑：

- 小红书笔记的发布与推荐逻辑是什么？
- 小红书如何判断一篇笔记质量的好坏？
- 如何让一篇笔记获得更多的流量？

本节我想带你深入了解小红书平台的运行规则，只有深入地了解到平台的运行规则，才能有目的、有策略地让笔记拿到更多流量。

### 1.2.1 小红书流量的运行机制

我自己的流量团队有一个基础的运营共识，发布笔记后的第一个阅读对象，不是小红书的阅读用户而是平台算法，也就是我们发布的笔记是先给算法看再给人看，一篇笔记先要得到算法的喜欢和推荐，才有机会让更多真实的用户看到。

下面我先带你了解小红书笔记的审核机制、推荐机制，小红书笔记的排名机制将在第 4 章重点讲解。

**笔记审核与推送机制**

一篇笔记发布后并不直接出现在小红书的双栏信息流里，而是经过了审核与推送过程。在审核环节首先是机器审核，重点看是否有违禁词和内容是否违规，会有 3 种结果：不违规、违规、疑似违规。违规的内容面临限流，即不做推送，小眼睛数（笔记阅读量）很低，疑似违规的内容增加人工审核，不违规的内容进入语义分析，即拆分笔记的内容类型、兴趣标签、关键词等（见图 1-4）。

一般来说，笔记的审核时间在几分钟到十几分钟。除去笔记发布高峰期，如果审核时间较长，则说明笔记可能正处于人工审核的阶段。通过审核和分析的笔记，系统会根据笔记图片、视频、文字等内容中的关键词等对笔记进行赛道分类，然后推送给相关的目标人群，进入初级流量池（大约 100~200 人）。

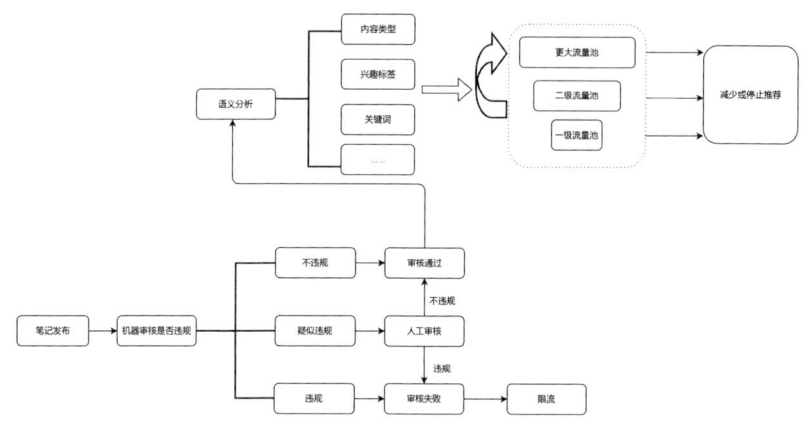

图 1-4　小红书笔记运行流程

如果笔记在初级推荐曝光中能够获得较好的互动反馈，那么这篇笔记会被推荐给稍大的人群曝光池，在更大的曝光池获得优秀互动则会继续被推荐给更大的曝光池。比如，初级推荐给了 100 人，后面每次推荐的效果都很不错，最后可能推荐给 10 万人，依此类推，直到一个推荐周期结束。

所以，这里需要注意，如果你的笔记关键词设置错误，或图文不相关，就可能导致推送的人群不精准，拿不到目标用户的反馈，后续推荐时就会被系统认为内容质量不佳，应减少推荐，从而导致流量越来越少直至没有。

比如你的笔记是旅行方面的，但是因为标签不精准或关键词选错，平台把你的内容推荐给了美妆、美食领域的用户，那么这类用户看到你的内容自然不感兴趣或感兴趣的人很少，所以就不会产生转发、点赞等互动行为，没有这些反馈，笔记就不会得到更大范围的推荐。

每次系统推荐出去和用户反馈回来的过程，都会不断地让算法学习应该把这篇笔记推给谁更合适。

了解了运行规则,就很好理解为什么有的笔记质量很好,但流量很差:很可能是因为发布时的标签没打对,即系统还不认识,不知道推给谁或者推错了。

笔记内容好不好固然重要,但更重要的是算法觉得这篇笔记的内容好不好。

### 其他推荐机制

- 基于深度学习的交叉推荐:交叉推荐是对上述推荐规则的补充,可以理解为如果一个具有一定粉丝量的博主关注了你的内容,那么你的内容也会被推送到与该博主匹配的用户群体中去,以此来增加你的笔记曝光量。这个逻辑很好理解:这个人喜欢你,那么和这个人相似的人可能也会喜欢你,所以系统会试着推荐并加以验证,系统会根据用户的行为习惯,如上次浏览内容、刷新内容、停留时间、点赞收藏的内容等来判断哪些用户可能会有相似喜好。

- 基于好友关系的推荐:小红书首页"关注"的 Tab,会给用户推荐关注的达人、朋友更新的内容,利用社交关系留住用户。

- 基于用户特征的推荐:如性别、年龄、地理位置、手机型号、学校、公司等身份信息来推荐可能喜欢的内容。

- 基于距离的推荐:小红书首页"附近"的 Tab,会给用户推荐距离在 20km 内的用户发的内容。

- 基于优质笔记的推荐:小红书有自己的官方账号,会收录用户的优质笔记进行推荐,所以你会看到很多笔记发布时会主动 @ 官方账号。

对于一个新用户,在平台对你了解甚少的情况下,小红书会引导用户选择感兴趣的频道和博主,然后根据感兴趣的频道、博主、性别、地理位置、年龄、学校、公司等信息来推荐可能匹配的内容。

当这个用户浏览了一些笔记，并对这些笔记产生了互动行为时，小红书就会总结用户的浏览偏好、互动偏好、感兴趣的标签或话题，并据此来推荐内容。

当这个用户使用搜索后，小红书就会推荐与用户搜索关键词及用户查看搜索结果相关联的内容。

当这个用户关注了博主，小红书就会可以根据用户的关注偏好、关注的博主的优秀内容来推荐内容。

当这个用户收藏、点赞了博主的内容，小红书以后可能会推荐这个博主的其他优秀内容。

总之，用户在小红书系统内留下的行为反馈越多，系统就越了解你，从而更加精准地推荐对应的内容。

## 1.2.2　小红书笔记的流量结构

打开小红书首页，我们可以很直观地发现，小红书的流量主要分为3个入口：关注入口、发现入口、搜索入口。

- 关注入口：新号基本是 0 粉丝，所以关注页的流量占比都很小，当粉丝数量达到一定基数，关注页的初始流量对拿到初始互动也非常有帮助。

- 发现入口：即系统把笔记推荐给系统觉得可能对这篇笔记感兴趣的用户，系统会根据用户已有的浏览行为向用户推荐其他相似的内容，这个流量相对来说是比较大的，因为大部分用户习惯于首页浏览。

- 搜索入口：即用户通过搜索关键词召唤系统内和关键词关联度较高的笔记内容，聪明的读者会发现，小红书的搜索流量是最能带来直接转化的高价值流量，只要有搜索就需要做排名，而有排名的地方就有 SEO（搜索引擎优化），小红书的运营也基于此来展开。

经过拆解，我们看到在这样的流量结构下，新号完全可以拿到流量，因为只要理解目标用户的需求，以及这个需求可能伴随的搜索关键词，然后生产好这些内容等着用户来搜就好了。用户只要搜索，就会看到你提前铺设的笔记，连接的第一步就建立了。至于获得更多的推荐则取决于标签、关键词和互动数据，后面的章节将会具体来说。总之，我们可以把小红书当成百度，基于用户的需求来做对应的搜索 SEO。

流量结构如此，那么各自的占比如何呢？

不同行业的不同账号流量结构不一样，你可以通过小红书创作中心查看你所在行业运营的账号的流量结构，搜索流量和推荐流量的占比分别是多少（如图 1-5 所示）。根据这样的流量结构，来做笔记内容的针对性运营。

图 1-5　小红书笔记流量结构

## 1.3 为什么要做小红书

无论是出于个人爱好运营一个自己的小红书账号,还是因为工作需要运营一个企业的小红书账号,其背后都隐藏着这个行为的出发点,即我们为什么要做小红书?

你可能会下意识地回答:为了获取流量或是品牌表达,但更深层次的原因还需要挖掘得更明确,因为单从流量获取的角度来说,其实你可以运营抖音、知乎、百度、视频号、微信公众号等,但你选择了小红书。

这是为什么呢?

下面将以不同流量平台的对比,给出我的思考。

### 1.3.1 小红书是匹配供需的连接器

如果基于变现目的,我们大部分人来小红书应该是做生意的,要理解小红书上生意的底层逻辑,先看看生意是如何发生的。

有一次,我需要准备一堂关于交易型流量的课。因为这节课是给复旦大学的同学们讲,并且要求课程内容只聚焦在流量,所以关于流量的方方面面都要讲透。为了全心备课,我把自己关在家里一天,在反复思考流量和交易的本质关系后,脑海中浮现出一个关于交易发生的公式:

$$交易 = 需求 + 连接 + 信任$$

回想一下你身边的一切交易,成立的前提是不是这样?包括你现在愿意购买这本书阅读,其实也是一次需求 + 连接 + 信任的交易。

为什么你愿意买这本书?

是因为你有学习小红书引流的想法(需求),京东、当当等购书平台提供了你和这本书相遇的机会(连接),同时我在互联网上建立的专业度或口碑，已经帮我向你建立了对书中内容的好奇（信任），所以你买下了手中的这本书，这是一次正在发生的交易。生活中，你和你的客户之间每笔生意的发生也是如此。每当我希望某项交易行为能够完成的时候，我就去看看这个公式。我的做事习惯里从来不关注结果是否会发生，我只看促成结果的要素是否具备，在这个公式里，也就是"需求+连接+信任"是否具备。

一旦促成交易发生的要素具备了，交易就会自然发生。

如图1-6所示，我们看到这个公式的起点是需求和连接，连接有多重要？连接是一切交易行为的开始，没有连接就没有交易。

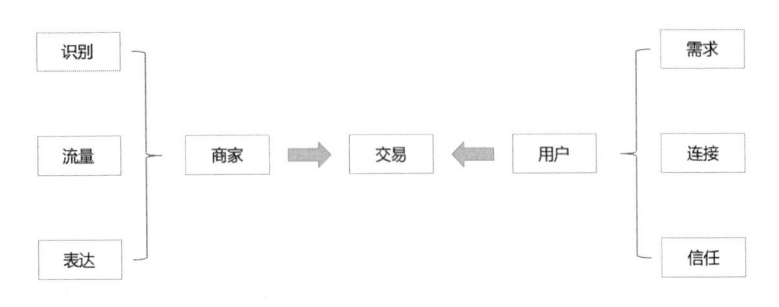

图1-6　生意的交易过程

连接什么？连接商家和用户，连接供给和需求。

小红书在我们想要促成的生意中间起到了什么作用呢？就是连接。

你也可以理解为：小红书甚至整个新媒体平台引流的底层逻辑，就是两个字——连接。下面继续看连接在小红书上是如何完成的。

你肯定知道，小红书、抖音等平台的运营机制是算法，算法其实并不知道每个用户是谁，每篇笔记的内容是什么，内容质量好不好，是沉淀在后台的标签把内容和用户做了区分和识别，最终将合适的内容推给合适的用户，商家和用户在平台内相互看见，连接关系就形成了。

**在用户端**，用户最多的使用场景是搜索，这个搜索内容被算法记录下来，打上标签记录，搜索行为背后体现的是需求，这个需求的发出者是用户。

**在商家端**，商家想要引流就需要发笔记，告诉平台笔记的内容是什么、适合谁看、应该推给谁，商家通过内容来建立自己的笔记和账号的标签。

商家和用户不是直接连接，而是通过他们各自在小红书平台的行为（被翻译成了标签），在精准的算法匹配之下，在小红书上相遇了。供需的连接关系就是这样建立的，我们常常讨论的小红书引流，其实就是和目标用户建立连接的过程（如图1-7所示）。

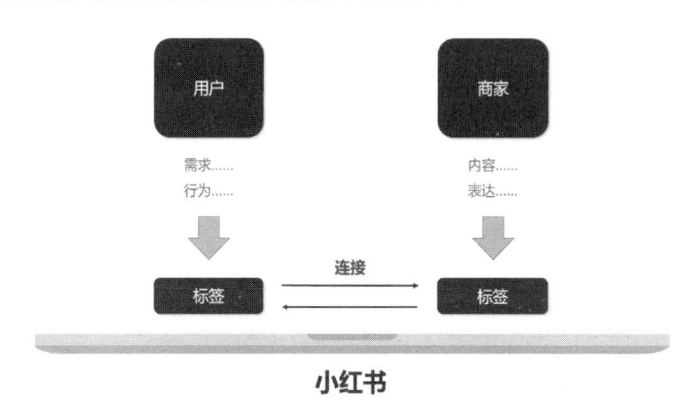

图1-7 小红书上的连接关系

小红书的运营者常常讨论流量，其实是浅层的表达，厉害的商业运营和操盘手，透过流量一定能够看到背后的真实需求，因为需求是一切商业活动的起点。

我们如果能够围绕某类目标人群挖掘出一些需求，通过小红书找到他们，针对他们提供一些差异化的产品或服务，并以此为内容在小红书获取流量，交易就可以自然发生，比如简历修改、旅行规划、婚纱摄影等。

这是小红书平台引流的底层逻辑,或者说抖音、知乎的流量逻辑也是如此,以成交为目的的内容获客,都需要挖掘需求、建立连接,不同平台只是手段不同罢了,目的都是实现交易。

从这个角度,小红书的笔记运营,可以理解为不能说话也不用说话的"销售"。

### 1.3.2 运营小红书的成本和收益

日常咨询中,我面向的文旅类型企业会多一些,常常有民宿、景区、酒店、旅行企业问我,该不该做小红书?我的回答都是:对于一个有流量需求的业务来说,已经不是该不该,而是怎么做的问题了。

但是对于每个企业的不同情况,又需要做一些区分考量,因为运营小红书依然是我们完成目的的手段,是手段就暗示了选择不止一种,且需要考量成本、效率与收益。

从表1-1可以看出,在流量手段的属性上,我们可以从以下几个维度来比较分析:团队配置、获客成本、运营频率、引流效果、运营难度及流量长期价值等。

表1-1 不同平台对比

| 平台 | 团队配置 | 获客成本 | 运营频率 | 效果 | 难度 | 流量长期价值 |
|---|---|---|---|---|---|---|
| 公众号 | 文案、设计 | 0 | 高 | 当天 | 大 | 较好 |
| 抖音 | 文案、拍摄、剪辑、直播、运营 | 0 | 高 | 当周 | 大 | 一般 |
| 视频号 | 文案、拍摄、剪辑、直播、运营 | 0 | 高 | 维持几天 | 大 | 弱 |
| 小红书 | 文案、设计 | 0 | 低 | 持续,长尾 | 小 | 强 |

从团队配置上来说,小红书的要求是最为简单的,因为制作成本低,一个人可以做,一个团队也可以做。目前已经有很多个体只靠一个人一部手机发布小红书笔记来获客。微信公众号要求匹配的文案写作能力、抖音、视频号要求的视频拍摄与剪辑能力都是远高于小红书的。

从图1-8可以看到，在小红书账号创作、运营所需的完整能力配置中，需要文案、设计、运营、客服和拍摄，但是因为小红书对文案、设计和运营的要求不高，所以一个综合能力尚可的人也可以独立运营一个小红书账号。

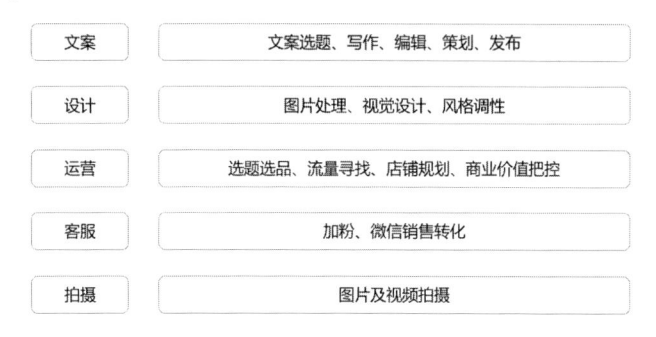

| 文案 | 文案选题、写作、编辑、策划、发布 |
|---|---|
| 设计 | 图片处理、视觉设计、风格调性 |
| 运营 | 选题选品、流量寻找、店铺规划、商业价值把控 |
| 客服 | 加粉、微信销售转化 |
| 拍摄 | 图片及视频拍摄 |

图 1-8 小红书的完整能力配置

从获客成本考虑，不做任何投流，仅靠人工运营，小红书的获客成本可以为0，但其他平台几乎都需要一定的前期投入。

从引流效果来看，小红书对新人账号很友好，大量的新号都有出现爆款的机会。我们公司的实习生在接触小红书的第一个月，就写出了百万阅读量的爆款笔记，反观微信公众号，今天写出阅读量10万+文章的难度已经非常大了。

从流量的长期价值上看，如果能够不断从小红书笔记引流到微信私域上，这些带着精准需求的用户，兼具了短期的交易价值和长期的品牌价值。实际上，我们公司"即刻下单"业务运营的一些民宿酒店类账号，模式就是从小红书导流到微信公众号，既有直接交易，又给公众号增加了粉丝，还以社群和私人号的方式收集了用户的长期复购需求，这样一举多得的流量路径，商业效率非常高。

抛开这些经营层面的维度考量，我们还可以从内容获取效率、转化能力、品牌建设能力三个方面来衡量不同平台的效率。

在内容获取效率上，毫无疑问是图文＞短视频＞长文＞长视频，图文内容获取信息的效率远高于视频，这也是抖音已经很强大了，但小红书仍有机会和空间的原因所在。

在转化能力上，考虑全品类的话，应该是抖音＞小红书＞微信＞B站＞知乎＞微博，其中抖音曝光量大、刺激性强，但是抖音退货率比小红书更高。

在品牌建设能力上，考虑内容沉淀和长效营销，应该是小红书＞微信＞B站＞抖音＞微博＞知乎＞快手，抖音、微博、视频号等泛娱乐平台依靠追逐热点获得点击曝光，因此消费节奏快，内容流通周期短，更适合做大众品牌的曝光。

总的来说，我个人认为，一个做知乎一年拥有1万个粉丝的账号的变现收益可能比不上一个做小红书一周拥有100个粉丝的账号的变现收益，一个抖音10万个粉丝的账号的变现收益也大概率抵不过一个小红书1万个粉丝的账号的变现收益，这是平台属性决定的，所以结合自己的业务一开始选择好平台很重要。

从以上不同平台的分析和对比可以看出，进入发展成熟期的微信公众号、抖音、B站对普通人来说已经比较难获得好的机会了，但小红书对普通人来说是最为友好的平台，具备普适性、低成本、可复制、可持续等优点且有一定的长期运营价值。

### 1.3.3　小红书的当下和未来

以上是从交易目的以及成本收益的角度来看小红书平台，如果再加上时间维度，我们对当下的决策判断会更加清晰。做不同平台的投入和占位，要学会以未来的视角看今天。

先看今天几个头部流量平台的用户规模，再来思考小红书今天处在什么发展阶段。据公开的网络信息（见表1-2），截止到2023年5月，微信的月活用户有 12 亿、抖音的月活用户为 10 亿，微博的月活用户为 5.84 亿，B 站的月活用户达 3.15 亿，知乎的月活用户达 2.2 亿，小红书的月活用户已达 2 亿，其中 70% 新增用户是 90 后。

表 1-2　不同平台月活对比

| 平台 | 微信 | 抖音 | 微博 | B 站 | 快手 | 知乎 | 小红书 |
| --- | --- | --- | --- | --- | --- | --- | --- |
| 月活 | 12 亿 | 10 亿 | 5.84 亿 | 3.15 亿 | 2.9 亿 | 2.2 亿 | 2 亿 |

要选择是否进入一个平台，核心的判断方法是看用户规模，如果用户规模超过 1 亿，说明这个平台已经比较稳定，在上面变现基本没问题，但是变现规模还不好说，还需要等待更大的爆发机会。如果用户规模不到 1 亿，说明平台还相对小众，来早了没用，赚不到钱，只能给平台做内容圈用户做品牌积累，但是变现有点难，就像早期的知乎和 B 站。

初具规模、具备影响力、发展迅速、规则变化快、变现机会多，从这些特点可以看出小红书的当下正处于一个国民级流量平台从早期向成熟期过渡的阶段，因为当前小红书的月活用户才 2 亿，而中国可以上网的有十多亿人，对比抖音，小红书的用户数还有很大的成长空间，一旦小红书用户数过了 5 亿，就进入成熟期了。成熟期的竞争加剧，更多的是资本和专业人士进场，而普通公司和小白用户就很难有机会，就像今天的抖音，已不再适合普通人。

回看抖音的发展也许可以给我们一些参考，抖音这几年的发展是非常快的，我记得 2019 年时的用户规模和普及率还不算很高，但是过去的几年里，抖音用户数迅速增长到 10 亿，已经快赶上微信了。从 1 亿的起步期到 10 亿的成熟期，抖音给内容创作者提供了大量的变现机会，中间支撑了无数人获得百万千万的收入回报，这个机会我觉得在小红书也可能出现。

从小红书此前发布的未来商业生态上，也可以预判这一点。小红书平台上未来会有八大趋势：

- 短视频、直播和知识达人兴起：短视频和直播这两年一直都是小红书主推的方向。

- "他经济"崛起：未来的小红书，对于男性创作者会非常友好，包括潮流、时尚、数码等赛道。

- 三四线城市创作者的增长机会：只要你的内容接地气、够干货和真实，也会受到用户的喜爱。

- 竞争虽激烈，对新人达人仍然友好：小红书是一个去中心化的平台，KOC才是主力军。

- 品牌方的重大机遇：2023年是小红书走向商业化的第3年，小红书商业生态逐渐从青涩走向成熟。

- 同城流量仍然存在：同城流量仍然存在，且本地生活是平台重点。

- 生活化的内容趋势：达人创作出的各种沉浸式话题流行，例如沉浸式回家、沉浸式吃播、沉浸式护肤等。

- 精细化垂直赛道：引流变现可能性很大，不用担心垂直赛道没有机会，每一个小众需求背后都有可观的用户存在。对于商家，垂直内容吸引的用户会更加精准，成交率也会较高。

对于我个人来说，我经历的流量时代错过了PC但完整经历了移动互联网，然后是微信公众号、知乎再到搜索流量和小红书，在这个过程中可以强烈地感受到流量在每个时代以不同的方式变迁。我在公司内部经常说，对于我的公司和业务而言，小红书是当前收集交易需求最有效率的平台，我们做好小红书一个平台就可以有丰厚的商业回报了。

所以，经过对需求连接、成本收益及未来机会的综合考量，你是否已经清楚了为什么要做小红书？

# 第 2 章
# 定位：开始小红书运营之前

在开启小红书账号运营之前，我还需要帮你厘清运营小红书账号的目的和基于目的的账号定位，因为我常常收到一些咨询，看起来是关于小红书账号运营的问题，实际上是做小红书账号的目的与方向问题。有很多人做着做着就不知道为什么要继续做小红书，也不知道接下来的方向是什么，应该如何做。为了避免你也出现同样的问题，请跟我来梳理运营小红书账号的目的。

## 2.1 明确运营目的，量化过程管理

### 2.1.1 明确目的是小红书运营的开始

你有没有这样的经历：

- 运营的账号出现了很多爆款，但没有从中赚到一元钱；
- 运营的账号涨了粉丝，但是从来没有人咨询、问价；
- 运营的账号有很多点赞、收藏，但是评论很少。

这类问题的产生大多归属于一个原因，就是不清楚或渐渐模糊了账号的运营目的。

因为本书主要讲变现，所以更多的是从交易目的的角度来做分析，实际上即便是做品牌，最终目的也依然是变现，只是没有量化在小红书的运营动作上，所以以终为始的思考有助于我们决策好当下每一个细小的运营动作。

从我接触的账号来看，目前小红书运营者的状态主要有下面三种。

### 1. 个人运营为主，自己发着玩

从商业运营的角度说，这是最不值得讨论的一类，因为流量价值不成规模，但实际上这种运营者很多，因为注意到小红书的价值，也会考虑做一做，于是注册了账号，把小红书当朋友圈发，没有很好的规划，走到哪儿算哪儿，做成什么样是什么样，没有系统的打法和方法论。

最后的结果可能是做着做着就迷茫了，也可能通过小红书开启了自己的副业尝试，但终究变现不多，价值不成规模。

本书提到的所有关于小红书的运营方法都是基于成体系的、对结果有预期的且具备流量价值规模的思考逻辑来展开的，这是和随意开始、随意结束截然不同的一种路径。

### 2. 代运营或投放为主，做品牌声量

我们"即刻下单"今年帮助过一家运动服装品牌制定小红书渠道的运营策略，因为这家品牌依靠达人投放在小红书已经有很大的声量了，但投放的大部分账号是中腰部达人或明星，缺少素人账号评价和口碑积累。我们团队在深入调研分析后，决定在保持达人投放策略不变的情况下，补足素人分享板块，使得整个品牌在小红书平台的声量结构是立体完整且丰富的，并且具备长尾价值和品牌生命力。

这类账号的运营一般不考核直接的GMV（成交金额），而是看天猫和京东到店流量的增量变化，细化下来有品牌资产、话题讨论、流量增量、词条数量等关键指标。

### 3. 企业运营，引导私域转化做交易

这一类是我们目前合作中接触最多的，也是今天小红书上做变现类账号的普遍形式，即通过小红书收集用户的需求，从小红书架起一根根流量管道，往公众号或个人微信导流量，从而完成从流量到转化的交易闭环。

从小红书获取需求流量再结合自己的已有业务变现是本书讨论的重点，从运营目的上，可以把小红书的运营理解为一次"销售"行为，只是不能说话，也不用说话的"销售"行为。

即便在 2022 年期间，旅游消费还没有全面恢复的时候，我们运营的旅行类账号的单日咨询量也能够达到 1000 次。每一个搭建过从流量到交易闭环的操盘手都能感受到这中间巨大的商业价值，因为旅游类目里一个微信客资（客户资源的简称）的价格不低于 50 元，而我们通过小红书笔记在没有任何流量付费的情况下，可以获得如此规模的流量，这给了我很大的启发，所以我下定决心，带领团队开始投入小红书。

以上是常见的几类运营小红书账号的出发点，无论个人还是企业，开始运营小红书之前都要清楚到底为什么要做小红书，是考虑做账号涨粉还是做交易变现，是做长期品牌还是卖广告，核心的思考原则必须清楚，运营小红书只是手段，更重要的是小红书解决了你的什么问题。

我还建议你在正式开始运营之前，明确想变现多少钱，再来拆解你要做的账号定位、运营数量、选题内容、发布频次等。

## 2.1.2 量化运营目标与过程管理

如果把小红书运营当成一个完整项目来讨论，会有这样几个必须经历的关键环节：目的→目标→策略→执行→复盘。明确运营目的是我们

开启小红书运营的第一步,接下来还需要量化运营目标与过程管理。

**什么是量化运营目标**

每当有人向我咨询小红书运营的问题时,我就会问对方,你为什么要做小红书?对方说是流量获客。那你准备获得多少?这些流量的变现路径是什么?大多数人就开始说不清了。

我们发现很多人在"目的→目标→策略→执行→复盘"的项目执行闭环上,在目标这一环节就走不下去了,典型的原因还是没有想清楚。

我反复强调目的和目标的重要性,是因为出发之前如果没有想清楚,执行的过程便会容易摇摆和不清晰。比如说一家企业通过小红书流量获客的目标是每天 50 个客资,而另一家的目标是每天 500 个客资,这两种目标匹配的资源投入和运营方法是完全不一样的。

基于运营目标的资源投入和运营方法是开始小红书运营之前应该想清楚的,本书关于小红书运营方法的梳理更多以规模流量的获取为前提。

一般来说,如果你能够回答出"我计划通过小红书平台实现 \*\* 目的,具体是在 \*\* 时间内投入 \*\* 资源实现每天 \*\* 多少流量,最终实现 \*\*",那么你运营小红书的思路就比较清晰了。

有了目的和目标,接下来就是路径方法和执行策略。

如图 2-1 所示,我们把一个小红书账号的执行过程分为这样几步:定位→选题→内容→引流。其中对变现规模的影响占比是定位 > 选题 > 内容 > 引流,即账号定位最重要,笔记选题其次,笔记内容跟随笔记选题,引流方法对变现规模的影响占比最小,这可能与很多人的认识、理解不太一样。

定位 → 选题 → 内容 → 引流
40%　30%　20%　10%

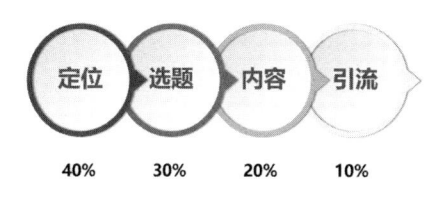

图 2-1　小红书运营环节及权重

### 什么是定位

定位就是你要做一个什么样的账号。当然，大多数人都是带着自己的业务，结合自己已有的生意来运营一个账号的，也有很多人把小红书当副业，比如做简历修改、英语培训、在线咨询等。账号定位阶段需要注意的是，你应该明确自己的生意到底是什么。小红书只是获取流量的手段，只是交易公式中的一个环节，你可以通过小红书卖猫粮、卖衣服、卖咨询、卖房子、卖菜谱、卖资料、卖保险。

我通过这一节希望告诉你的是，小红书账号变现大小的影响要素中，定位＞选题＞内容＞引流，即你日常关注的如何引流、如何加微信，其实并不是影响变现多少的最关键的要素，选择大于努力的道理在小红书运营上同样适用。关于如何做账号定位以及如何选定位赛道，后面的对应章节里会有更加详细的拆解。

### 什么是选题

选题就是你要写哪些内容。小红书首先是图文内容平台，我们是通过一篇篇笔记来吸引目标用户的关注和咨询的。很多运营人员的选题都是临时想的，即当天找当天的题材，想到什么写什么。但我们对小红书运营的理解和要求是，在这个账号还没注册时，就想好这个账号运营的第一周、前半个月、前30天的笔记应该写什么，要实现的运营效果大概是什么，让结果有预期地发生，而不是将结果交给随机和运气。

选题设定的方法同样不难，只是需要围绕目标用户需求，完整和穷尽地调研整理，选题部分将在第 3 章详细展开。

**什么是内容**

选题是框架，内容是对选题的填充，选题从概率上决定了一篇笔记的商业价值，内容环节涉及的标题、笔记结构、写作方式、封面制作等细节决定了笔记的流量大小和商业效果。

**什么是引流**

引流是大家最为关注的话题，但你能从我给出的逻辑框架里发现，它的价值其实处于运营环节的末端，引流技巧做到极致的账号的变现规模可能弱于一个一开始定位做得很好的账号。

"你很努力，但你和我不是一个维度的竞争。"

关于定位→选题→内容→引流，在后面的章节中都有非常详细的分析拆解，但我想表达的是，哪些是运营中的术，哪些是运营中的道。引流是术，定位是道，我们只有把小红书运营中的关键要素及不同要素之间的关系和价值想清楚了，才会在运营过程中游刃有余，不会迷失。

随着这本书的慢慢展开，你会发现选题是可复制的，标题是有规律的，封面是有公式的，内容是有结构的，引流是有方法的。

如图 2-2 所示是我们"即刻下单"团队某个账号运营的 SOP，从业务背景到需求研究、从笔记选题到正文、封面、标题库，一套流程下来构建了一条从流量到变现的闭环，什么时间发布什么内容应该实现什么结果，都是有预期、可控制的。

我作为一个极其注重运营效率和商业思考的 10 年运营人，在小红书运营上依然相信一个朴素的道理：思考在前，动作在后。

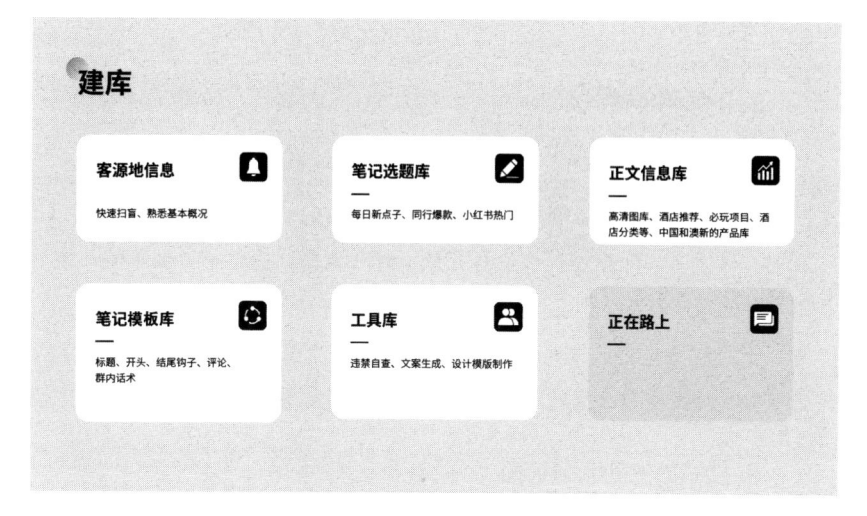

图 2-2 小红书旅行类账号 SOP

## 2.1.3 为什么粉丝数量不重要

在开始运营之前,我知道你还有一个担心是关于小红书账号粉丝数量的,这不仅是你内心会升起的疑问,我们每次招聘新同事时也会被问是不是从 0 开始运营新账号,似乎只要从 0 开始,大家就显得没有信心。

其实这同样是理解上的误区,还记得第 1 章里提到过,小红书和抖音、知乎、公众号的一个显著区别就是对新人友好,即新号 0 粉丝同样可以出爆款。这背后的机制是什么呢?

### 1. 笔记与笔记相互独立

小红书的算法机制使得每篇笔记是被独立审核标签和判断价值的,即上一篇笔记好坏对下一篇笔记有影响,但不大,你可以理解为每一篇笔记都是同一起跑线,唯一影响的要素是笔记的标签、内容价值,所以新号、老号,有粉丝、无粉丝,对笔记的运营效果有影响但不大,新老账号和笔记之间的差距，完全可以通过笔记内容来追平。

### 2. 不影响连接关系

还记得"交易 = 需求 + 连接 + 信任"的公式吗？

小红书的交易可以简化理解为用户的互动（点赞、评论、收藏、关注、私信、转发），即你用什么内容找到了什么人群，提供了什么价值，换得了什么互动行为。你会发现在小红书里通过内容找到需求是很容易的，通过账号装修建立信任也是很容易的，而笔记提供的阅读者与创作者的连接关系使得交易公式在小红书中是可以大量发生的。

### 3. 搜索为主的流量结构

小红书的流量结构主要来自搜索和推荐，最新的数据显示小红书的搜索流量已经占据 60% 以上，也就是大部分用户来小红书是通过"搜"的动作看到你的笔记的。在这个流量结构下，其实结论很清楚，新号完全可以出彩，因为只要理解目标人群的用户需求，以及这个需求下用户可能会有哪些搜索词，然后生产好这些内容静静地等待用户搜索就行了。

用户只要搜索，就会看到你；看到你，连接的第一步就建立了。实际上，你可以这样理解：小红书就是很多女生的百度，而有搜索的地方就有 SEO，围绕小红书的运营，就是一场 SEO 的搜索优化游戏。

## 2.2 拆解对标账号，明确商业定位

明确了账号运营的目的和目标，也清楚地知道一个账号运营需要经历的过程，你一定想着终于可以开始搭建自己的小红书账号了，不过我要提醒你的是：先别急，在开始之前还有一件重要的事情等着你做，就是找到对标账号进行研究和学习。

## 2.2.1 拆解对标账号

拆解对标账号的目的是保证我们在思考上可以以终为始，在开始运营之前对你所关心的领域在小红书上的商业体系形成全面完整的认知，从而有预期地运营出我们想要的结果。

拆解对标账号有两个基本原则：第一是学习可以学习的，第二是学习值得学习的。

为什么这么说呢？

小红书运营首先要从自身的资源条件、能力水平和运营目的出发，不是所有的账号都可以被学习。在文旅行业，就有很多企业一开始对标的账号是房琪。

我们说学习可以学习的，很显然房琪的小红书账号对大多数人而言是不可以被学习的，因为她的文案能力、视频能力都不是普通人在短时间内可以掌握的，而房琪这个 IP 已经在多个平台形成了品牌效应。

其次从运营目的来说，房琪是旅行博主，小红书运营的目的更多是放大流量和影响力，变现依靠的是广告，但是很多文旅公司的运营目的是获客引流到私域，即多卖一间酒店、一张门票……出发点和诉求不一样，导致运营方式完全不一样，这就是一开始对标错了。

那应该如何正确地对标呢？

既然是对标，我们就需要穷尽完整地搞清楚相同领域的账号都是怎么做的，这些账号用了多久，通过什么方式实现了什么结果，这些过程和结果哪些是值得学习和模仿的，哪些是应该摒弃的。

### 1. 对标名字、简介、标题、排版、内容

账号的名字和简介体现了定位和运营目的，这些定位是不是很直接地关联了商业目的？标题、排版、内容体现了内容的制作方法，是不是

已经流程化？制作成本是不是足够低？

**2. 对标需求**

这些账号的定位契合的是什么人群的什么需求？是精确的还是模糊的？和我的定位是不是一样？对方为什么选择这个需求？对我有什么借鉴意义？

**3. 对标变现路径**

除了对标账号定位这些看得见的东西，还要对标该账号的交易路径，即这个账号是怎么做交付的？交易路径是不是高效？可以用小号去模拟咨询，看看对标账号从定位到笔记创作，从引流到交易的闭环是否流畅。

**4. 对标多个平台**

对对标账号的学习模仿借鉴不是只看小红书平台，还可以基于自己的人群定位来看不同平台有没有类似的账号，如微信公众号、抖音、知乎、视频号等，从而在运营之初更完整穷尽地形成较为全面的运营地图。

也可以通过第三方平台如新榜、抖查查、新红等来找到对标账号。

对标的过程应该是学习可以学习的，学习值得学习的，不要只模仿优秀账号的形式和表象，而要看到对方的逻辑、框架、路径和打法，从而实现看过这个领域所有的方式方法，最终确认自己的方式方法的目的。

## 2.2.2 明确商业定位

账号的商业定位是小红书账号运营的起点，商业定位即我要通过运营小红书以什么形式找到什么人群的什么需求，交付什么产品最终变现多少钱。如图2-3所示，小红书账号的商业定位需要从四个维度来考虑：

平台需要+用户需求+同行验证+资源能力。

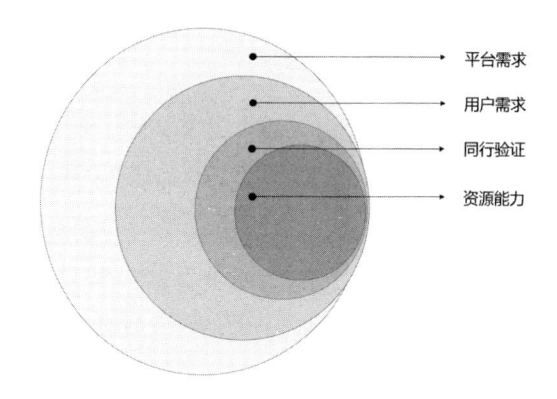

图 2-3　寻求小红书账号商业定位的方法

平台需求：我经常对我们的流量团队说，我们在做定位的时候一定谨记，先关注用户和平台的需求。我们常常想着自己要从平台获得什么，但在此之前一定要想想平台和用户的需求是什么，只有满足了用户和平台的需求，流量获取才能长久。平台需求就是小红书想要的是什么，毫无疑问是依靠优质的内容获得用户的停留和互动，只有这样平台才能获得更多用户，平台也更有价值。

平台需求体现最直接的一点就是小红书官方经常会推出不同话题的流量扶持活动，即鼓励这类题材的更多创作。

用户需求：从做生意变现的角度来说，我们是来满足需求的，但是不同的需求有不同的价值，不是每个需求都值得满足，比如我们要看需求是否有规模，需求的价值是否大，获取需求的成本是否低，以及需求交付的效率是否高。

当我们在看用户需求规模的时候，可以研究行业关键词。在小红书上搜索这些行业关键词，看有多少篇笔记，在 1 万篇以上的基本都是可以做的，代表这个领域具备一定的需求规模。同时，还可以借助第三方软件(千瓜、新红、蝉小红),查看最近一个月是否有爆文,爆文点赞数及爆文笔记下的评论内容,如果有几千赞以上的爆文,或者是低粉爆文,基本上这个关键词的流量不会太差。

除此之外,还要看需求交付的效率,比如文旅行业,你是满足攻略咨询还是交易预订……不同的需求有不同的流量获取方式和交付方式。

同行验证:这个需求是否已经被人做过了?变现规模怎么样,是红海还是蓝海?需求的供需比怎么样?有没有做得好的同行账号,有没有同行笔记下有体现需求的评论?如果同行有持续的动力更新,代表有需求且能变现。

需要注意的是,同行验证的重点还要看交易链路是否已经形成闭环,比如同行有很多高"赞藏"的爆文,但是仔细研究发现很多爆文都是高"赞藏"但是低评论,甚至几千赞的笔记但是评论数为0,这是爆款,但不是基于变现目的想要的爆款。

这样的笔记说明一个问题,就是这篇笔记大家觉得有用有趣有价值,但只停留在这个层面,还不能解决痛点或满足需求,还没有形成很好的变现闭环。从变现角度,我们应该重点看那种在评论区齐刷刷地问价的评论,比如"怎么订""多少钱""求链接""求分享""想了解""求带""求发送""礼貌问价"等内容,因为这些都是需求型的评论,这些评论体现出的需求具备被满足的价值,这一类笔记也被称为交易类笔记。

最后是资源能力,小红书包罗万象可卖万物,但你要做什么取决你自身的资源能力和基础条件。有的企业一天获取1000个咨询,但是需要依靠专业的流量团队和几十上百个小红书账号,仅此一项投入就是很多企业和个人做不到的。

所以,如果你是基于一家企业来运营小红书,先要评估的应该是你的生意,你有什么核心优势及可以做的资源投入;如果你是个人运营小红书，在开始小红书的运营之前，你需要评估你的特长、热爱、喜好和优势：

- 比如，你有整理信息的能力、可以快速地制作读书笔记，你可以做一个知识博主；
- 比如，你家里是做家居装修的，你可以分享装修经验和技巧，帮助家里获得生意；
- 比如，你精通考研技巧或擅长修改简历，你可以做考研辅导或简历修改；
- 比如，你对二手房产的买卖很了解，你可以分享二手房买卖注意事项，做在线咨询。

平台需求+用户需求+同行验证+资源能力四个维度的重合点就是一个小红书账号可以长期投入的方向。如果从平台需求+用户需求+同行验证+资源能力继续延伸思考，加上交付的视角，形成从需求+连接+信任的交付闭环，我们可以拆解得更细致一些。

如表2-1所示，以旅行人群的旅行需求举例，可以有不同的身份定位、内容形式和交付产品，我们只需要根据自己的资源能力找到最适合自己的就行。

表2-1 基于人群需求的商业定位方法

| 细分人群 | 细分需求 | 交付产品 | 身份定位 | 内容形式 |
| --- | --- | --- | --- | --- |
| 大学生 | 亲子游 | 周末度假套餐 | 导游 | 图文攻略 |
| 老年人 | 康养旅游 | 门票代订 | 司机 | 风景视频 |
| 女白领 | 海岛游 | 旅行产品 | 定制师 | 视频+出境 |
| 儿童 | 周末美宿 | 定制游 | 产品经理 | 口播视频 |
| 青少年 | 户外游 | 机票预订 | 旅行社老板 | 直播 |
| 宝妈 | 露营 | 租车预订 | 领队 | 视频+图文 |

比如，你可以针对白领人群满足周末美宿的需求，以旅行定制师的身份发布图文笔记和真人出镜，提供周末酒店、民宿、度假套餐代订服务，获得变现。

你还可以针对宝妈人群的亲子游需求，以旅行社老板同时是一位宝妈的身份通过口播视频来做旅行产品的预订，获得变现。

目前在小红书上变现比较好的领域有：美妆、护肤、母婴育儿、健身、情侣日常、生活纪实、探店、美食类等，你可以用我提供的基于人群需求的商业定位方法来试试完成你的业务定位。总体来说，用人设玩法写笔记最高效，比如打造自己是某某领域的达人，多分享此领域的使用心得，最终通过私域交易或接广告的方式获得变现。

## 2.3 好的账号定位是什么样的

现在我们终于开始小红书账号定位及运营的实操部分了，我会从账号定位装修的方式方法及定位装修的基础原则两个方面来告诉你一个好的账号定位是什么样的。

### 2.3.1 昵称、头像、简介、背景

**昵称**

昵称是用户认识了解我们的第一步，即用户首先是通过我们的账号昵称来认识和判断我们是谁，我们是做什么的。从变现角度来看，一个好的小红书账号昵称应该是什么样的呢？

昵称应遵循一个大原则：直接体现身份、关联交易目的。

比如，旅行定制师云帆、小雨的考研笔记、健身教练云云、房产中介李享、携程门店周生都直接体现了身份，关联了交易目的，即每一篇笔记带来的每次连接都在告诉用户：我是谁，我是做什么的，你在有什

么需求的时候可以通过什么方式找我。

昵称上常常容易犯的错误就是委婉，把小红书昵称当成很多年前的QQ、微信昵称，即私密个性化，故意让人猜不透看不懂，比如英文、火星文，这些昵称本身没有什么问题，只是作为基于交易目的的商业类账号昵称会增加用户的了解成本，即阻挡交易。

从方式方法上来说，你的昵称可以是名称+个性、名称+类目、名称+服务内容、名称+地域等，总之最好是直接且体现信任，如小鱼在健身、李木子教练、陈阿姨上门做菜、小小鸭留学日本等。

当然，具体情况具体分析，如果你已经是一个博主，本身已有一定的知名度积累或者不以短期的变现为考量，那取一个具有个人色彩的名字长期来看很可能也是一个不错的选择。

**头像**

头像和昵称的原则差不多，还是直接，因为在用户浏览的笔记列表页，出现在信息流里的除了昵称，头像的视觉表达可能更为直接，从交易变现的角度，我们更建议以文字的方式填充头像，比如研学定制、旅行管家、日本留学、上门做菜等强提示服务信息的内容，如图2-4所示。

图2-4 文字类型的账号头像

特别容易犯的错误是很多人喜欢把头像也变成表达自己的地方，比如风景图、表情包，其实都容易增加用户的了解成本，在流量平台上做生意，要知道陌生感就是阻碍交易的最大成本。

比如你做马尔代夫账号笔记，很多人以为一定要用海岛图片做头像来体现马尔代夫，其实如果换到用户视角，笔记的头像面积很小，根本无法表现出海岛风情，即运营者以为的和想要表达的到了用户视角已经打了很大的折扣，如图2-5所示，存在运营者和用户之间的视角差。一个好的运营者一定要既有自己的运营视角，又有用户的阅读视角，灵活切换，从而保持运营策略的有效落地。

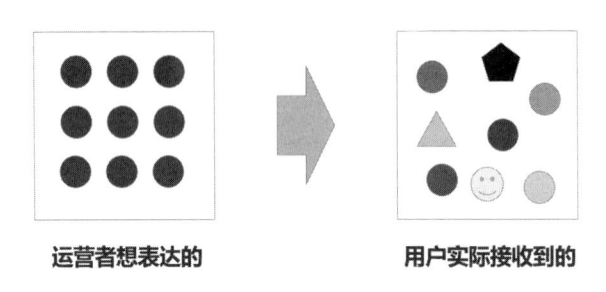

图 2-5　运营者和用户视角之差

在我们操盘的所有私域交易类账号的定位中，以文字方式形成的图像引流的效果确实更为直接有效，即便是新号，也可以在很短的时间内传达信息从而收集到目标用户的有效需求。

简介

点进简介的用户，一般是通过笔记进入你的主页想更多了解你的用户，区别于信息流列表页的竞争，这个时候的用户已经看过笔记，对你已经产生了一定的兴趣。

如图2-6所示，一个好的简介，需要告诉用户你是谁，你是干什么的，为什么关注你，对我有什么用，甚至可以结合一些导流的功能，比如提醒进群、提醒点击小号、提醒加微信，等等。

以下为一个旅行类账号的简介举例：

- 我很独特：例如去过 80 个国家。
- 很厉害、有平台背书、很专业：例如携程签约摄影师。
- 我是谁，做什么的，我能提供什么：例如"90 后"川西旅拍领队。
- 和别人有什么不一样，例如 90 后的年轻组织、纯玩小团旅行。
- 为什么关注，需要一目了然＋定位＋内容垂直且专一＋关注理由：例如每天分享带队路上发生的一切。

图 2-6　不同定位的账号简介

每一次我们在小红书上做一个新的业务时，都会花很长的时间和团队打磨账号简介，理由很简单，不同的简介传递不同的信息、体现不同的流量利用效率，从而触发用户的不同理解和行为，对于账号变现来说，这是一件非常重要的事。

背景

背景图应该尽量和你的定位、调性符合且相关，目的是增加信任、传递信息，可以是办公场景、企业门店、公司背景、个人生活等，如果是用背景图来表达文字类引流信息，一定要确保显示的效果清晰、简洁。

如图 2-7 所示，就是一个优质账号的定位和装修，你可以从头像、简介、名称、背景和笔记内容上找到你自己账号定位装修的启发。

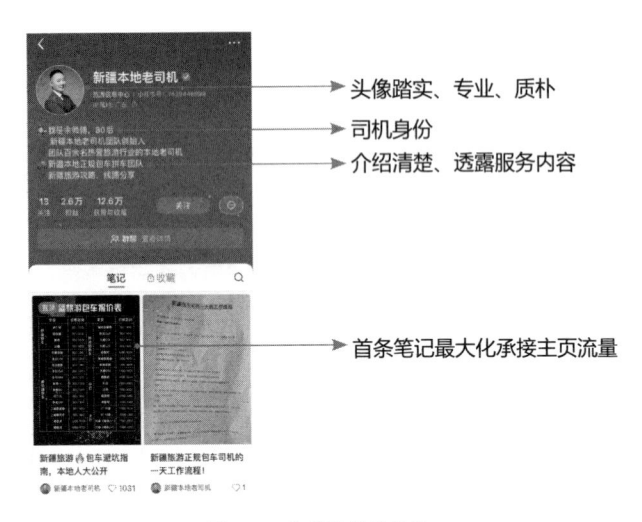

图 2-7 优质账号的定位

## 2.3.2 真实、垂直、信任、直接

上面介绍了昵称、头像、简介、背景的主页装修方法，方法的背后离不开对于一个好的账号定位表达的基础原则：真实、垂直、信任、直接。

真实很好理解，就是我们做的装修和表达是服务于真实生活中的真实人设的，不能撒谎和欺骗，否则因为欺骗使得用户回到小红书对账号进行吐槽，会让品牌和账号受到伤害，这就失去了一个账号运营的长期价值，尤其是对于一个已有品牌积累的账号而言。

真实也会让重复的小红书运营变得简单、低成本，比如一个西北旅行的司导每天简单分享旅行路上的一切，这样的笔记内容可能选题不太讨巧、图片不够美观，但是已经传达出了真实，也会收集到目标用户的需求信息，从而交易效率很高。

垂直是指定位上不要分散，不要今天发这个明天发那个，增加了算法系统和潜在用户认识你的成本。有很多人问过我，如果有多个业务多个方向怎么办？很简单，多弄几个账号，在小红书上越垂直的账号效率越高。

信任是指你要在极短的时间内通过昵称、头像、简介、背景这几个有限运营位置的表达，传递给用户专业且值得信任的形象，所以你必须思考如何用极短的文字打动你的目标用户，比如图片更美观有质感、字体更有设计感、排版不凌乱，都是传递信任的方式。

直接就是让用户不用思考，让流量与成交同时发生，一旦用户开始思考，转化率就会下降，降低了陌生成本就获得了交易机会。

昵称、头像、简介、背景的综合搭配，其实就像是在给自己的"门店"装修或者给自己"穿衣服"。生活中一个顾客通过门店装修来感受这家门店的服务内容和服务水平，身边的朋友通过衣着打扮判断一个人的素养和能力。小红书上也是一样，当一个陌生用户从公域进入了你的主页，你如何以最高效的方式传达出你的服务内容、交付产品，且你是专业的、值得信任的，这个过程有多高效，交易变现就有多直接。

## 2.4 新账号的注册与起号准备

账号的注册相对简单，如果你运营的是一个账号，账号本身就已经接近一个真实的使用环境，不需要太多刻意的运营操作。起号更多的是针对带着直接变现的商业诉求的专业化团队，我们累计负责过几百个账号从起号到运营的完整流程，为了保证每个账号的成功起号，也总结出了很多值得借鉴的方法。

### 2.4.1 新账号注册的注意事项

需要注意的是，从实际运营经验来看，对比微信、抖音，小红书对账号要求更严格，主要体现在：

- 小红书会记录你的注册手机号。
- 小红书会记录你的登录手机。
- 小红书会记录你的网络环境。

如果你之前用某个手机注册使用过小红书，注销再重新注册小红书账号，即便更换手机号、重新改名，小红书还是会记录你的手机号、手机设备、网络环境，一次两次还好，多次操作会影响新号的正常运营。如果之前的账号出现过违规、封禁，那么对应的手机号、设备也都会被记录，对应手机号、手机设备注册的下一个新账号可能会被影响。

对于重新注册的账号来说，一定要注意更换手机号、更换手机，甚至更换网络环境（用手机流量），最大化地保证一个新号的正常使用，因为从注册新号到正式投入使用，再到产生运营结果，一般至少需要2周左右的时间，如果开始前没有注意好这些细节，相当于2周的时间投入浪费了。

账号注册好了，还需要适当的"起号准备"，起号准备其实就是最大化地模拟一个真实用户的使用环境，避免被小红书打上营销的标签。小红书的起号准备流程相对比较简单，一般7天就行，但是起号准备在整个运营流程中也很重要，我们曾经测试过对新的账号不做起号准备直接发布笔记，发现拿到效果的周期会很长，这个必要的过程建议不要少。

## 2.4.2 新账号起号准备的技巧

新号运营之前，一般需要简单地完成7天起号准备从而尽可能地避免账号的后期限流。

**新账号的起号准备**

第一步：点击首页的"发现"翻看内容，每天点赞3~5个，收藏2~3个，评论 1~2 个。注意，要按照普通人的阅读习惯阅读笔记，在一篇笔记上停留的时间要超过 10 秒，不要一下子滑到底，也不要刚打开就关闭，最好多一些搜索，需要慢慢阅读到底部再开始评论、点赞等操作，原则就是一个真实用户会怎么样，就模拟着去那样操作。

**第二步：** 建议更多地去刷同行账号、同行笔记的内容，做什么类型的账号就刷什么类型的笔记，另外，在刷笔记的过程中，每天关注 2~3 位粉丝量较高的账号，最好是在同一垂直领域，这样小红书会容易把你推荐给关注这一领域的用户，后续也可以及时地收获竞品信息。

因为这个阶段是模仿活跃用户的行为习惯，让小红书先判断你是个活跃真实账号，不要急着发笔记，同时通过互动和活跃，提高自身的权重。

**第三步：** 在起号准备过程中记得关注小红书官方平台的账号：创作者小助手、小红书成长助手、美妆薯、校园薯等，甚至适当购物增加真实感。

新账号起号准备注意事项：

- 不要在相同地址相同时间大量注册新号。
- 不要用同一个 Wi-Fi，只可以用手机流量。
- 前 3 天不改备注、昵称、简介。
- 前 7 天每天刷对应关键词，每次半小时，每天两次。
- 适当关注同类型账号、点赞同类型笔记、笔记图片需要翻页停留、评论、完整看视频、看直播，这也有助于后续系统自动推给你同类爆款笔记。
- 前 2 天不发笔记，第 3~4 天发 1 篇笔记，第 5~7 天发 2 篇笔记，整个过程观察数据是否异常。

- 取昵称的时候要谨慎，7 天只能改一次。
- 在起号准备期内，不能在个性签名或者其他地方留联系方式，包括微信号、公众号、微博号、邮箱、链接等任何推广信息，在账号还没有流量的时候，这种行为意义不大。

### 新账号起号准备流程

如表 2-2 所示，这是我们常用的 7 天养号流程。

表 2-2 新号 7 天养号流程

| 时间 | 第 1~2 天 | 第 3~4 天 | 第 5~7 天 | 8 天后 |
| --- | --- | --- | --- | --- |
| 节奏 | 起号准备 | 起号准备 | 正常放量 | 投入使用 |
| 目的 | 1. 模拟正常用户使用<br>2. 给新号打上内容需求标签 | 1. 测试流量是否正常，是否手机、手机号被限流<br>2. 给新号打上内容供给标签 | 1. 流量是否正常<br>2. 完善账号标签 | |
| 单篇流量 | | 300+ | 500+ | 1000+ |
| 笔记数 | 0 | 1 | 2 | 2 |
| 补充 | | 找容易触发互动的选题 | | |

比如我们曾经做过星巴克咖啡相关的账号，当时的起号准备流程是：

❶ 每天搜索"咖啡""星巴克""星巴克饮品推荐""星巴克隐藏菜单"等不同时间段 3 次左右。

❷ 每天阅读"咖啡""星巴克"相关帖子 10 分钟以上，不同时间段 2 次，每次持续 10 分钟，早晚各一次。

❸ 每天关注 1~2 个"咖啡""星巴克"相关的同类型账号、点赞同类型笔记、笔记图片需要翻页停留、完整看完"咖啡""星巴克"等相关视频，适当进入账号主页。

基本上这样操作 3~4 天后可以适当发布笔记，7 天后起号准备完成。

# 第 3 章
# 爆款：掌握方法批量写爆款

每一个投入精力运营小红书的人都期待自己的手中能出现爆款，但是进一步拆解你会发现每个人理解的爆款其实并不一样，这一章我想帮助你厘清的是从商业运营的角度出发，到底什么是爆款，以及爆款笔记的底层逻辑和标准化生产流程。

## 3.1 爆款笔记的底层逻辑

### 3.1.1 爆款和有效爆款

**什么是爆款？**

很多人的理解是点赞、收藏、评论数据好的笔记都是爆款，这样理解当然是没错的，因为这种笔记已经带来用户的直接反馈和有效互动。

但是你也会发现，从变现的角度出发，有很多点赞、收藏很好的笔记缺少评论，也有很多点赞、评论、收藏都很好的笔记，没有变现到一分钱。比如有一条马尔代夫酒店的视频笔记，笔记评论的数量大于100，但是评论内容基本是"好美呀""天气不错""鲸鱼会咬人吗""不会游泳怎么办？"……

实际上，这样"热闹"的笔记是很难变现的。

曾经我招聘了一个实习生,他实习的第一个月就做出了 100 万浏览量、万赞万藏的笔记,遗憾的是,我们除了从这篇笔记中收获到了一些"热闹",这篇笔记没有帮我们赚到一分钱。

事实上,运营过小红书一段时间你就会发现,单纯通过发笔记带来一些点赞、收藏的互动反馈,并不是一件难事,最难的是通过发布笔记赚到钱,我们需要持续输出能变现的爆款笔记,而不是收获一堆热闹的流量,基于变现目的的小红书运营必须时刻清楚:运营小红书不是为了做爆款,而是为了做生意。

如图 3-1 所示,我们必须厘清几个概念:有效爆款、非有效爆款、有效咨询和非有效咨询。

- 有效爆款:找到目标用户触发咨询、添加微信或直接触发购买的笔记。

- 非有效爆款:非目标用户或目标用户有关注、点赞、收藏但不触发咨询、不添加微信和购买的笔记。

- 有效咨询:对应到自己能转化的商业服务,比如留学咨询、旅行定制、电商等已有生意。

- 非有效咨询:与订单转化无关的其他咨询。

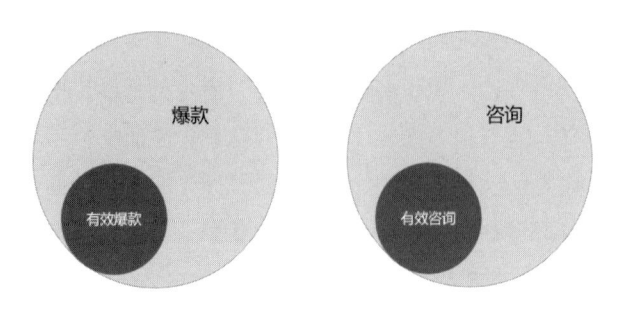

图 3-1 爆款与咨询

### 什么是有效爆款

指那些能够找到目标用户，能够唤起目标用户的需求，且能够触发咨询或购买，点赞、收藏、评论互动高的笔记。我希望你能清楚我们的终极目标不是写出一堆的爆款，而是找到一批能够交易付费的精准客户。如果是基于这样的标准和要求来写笔记，你会发现小红书运营更有侧重点和针对性，而不是沉浸在流量的热闹里。

比如有的账号下有很多万赞的爆款笔记，但是一分钱都没有变现；而有的笔记只有两百的浏览却带来几位粉丝咨询，最终有人加到微信交易下单，这种情况下你还会选择盲目追求爆款的笔记吗？

在实际运营中，符合以下标准的爆款会更有商业价值：

- 粉丝数比点赞数多的。
- 新号但是有千赞作品。
- 评论数大于点赞、收藏。

因为粉丝数比点赞高说明笔记的转粉率更高，新号但是有千赞说明不是头部账号但选题和账号定位切中用户需求，评论数大于点赞、收藏说明笔记能引发用户的需求评论，产生了有效咨询。

厘清了什么是有效爆款，我们继续思考，爆款为什么爆，以及爆款笔记的底层逻辑是什么。

爆款只是最后结果，只是这篇笔记带来了用户的点赞、收藏、评论、转发等互动行为，那点赞、收藏、评论、转发的原因是什么呢？一定是戳中并满足了用户的某项需求，且这类人群数量很大、需求很成规模。

比如点赞是因为用户在态度上表达支持，收藏是因为将来可能有用，评论是因为想要有很多交互和表达，转发是因为这条信息值得分享给朋友，关注是因为希望能够收获后续更新。爆款是这些互动行为的结果，切中并满足需求是带来互动行为的原因。

小红书上的用户通常都有哪些需求呢？娱乐需求、情绪需求、偷懒省事、向往美好生活……这些都是人性的普遍需求，而笔记是用来满足需求的，爆款的背后体现的是强烈的人群需求，一个能持续写出爆款笔记的人一定是能够精准洞察用户需求的人。

以上这些结论的推导和发现是因为我们的流量团队每天在业务一线触摸和监测小红书平台流量规则的变化，一开始我们同样迷恋爆款、享受热闹，但是一段时间后发现最终没有对应到成交效果上，抽丝剥茧后发现原来我们需要的是精准需求。2023年伴随平台引流规则的收紧，我们的策略已经调整为"摆脱爆款依赖""从越来越多的咨询到越来越少的咨询"，这些策略的变化背后都是对运营目的的精准聚焦，即我只关心我的核心目的，实现目的的手段会在过程中不断调整，这也是本书想带给你的重要启示，基于成交来做流量，不做爆款做生意。

## 3.1.2 爆款笔记的 5 个竞争和 5 个转化率

爆款笔记到底如何生产？有没有基础的流程方法和写作技巧？别着急，如图 3-2 所示，我们在期待爆款的结果出现之前先了解我们发出的一篇笔记在小红书平台内是如何成为爆款的。

看见 → 点击笔记 → 转发、评论、收藏、点赞 → 私信咨询 → 添加微信

图 3-2 笔记面临的 5 个竞争

**有效爆款面临的 5 个竞争**

先是笔记被看见，即笔记要出现在用户的信息流列表里，然后在信

息流列表页中我们的笔记被用户点击，用户开始阅读，阅读了以后开始有点赞、收藏、评论、转发、私信的互动反馈，然后通过私信添加到用户微信或直接在小红书下单。

这是一篇笔记经历从生产到爆款面临的 5 个竞争，我们梳理一下其中的关键环节。

**笔记被看见**：无论笔记是被搜索还是被推荐看见，我们都需要解决关于笔记选题、关键词、权重、收录的核心问题，只有关键词命中了用户的搜索词、选题有足够的受众且被系统收录、笔记有一定权重，才会被搜索和推荐。

选题、关键词、权重、收录的核心依然是挖掘用户的需求，只有挖掘和洞察了用户需求才能写出更容易爆的笔记。

被看见是一篇笔记面临的第一个竞争。

**笔记被点击**：笔记出现在用户的信息流列表页了，但是第二个竞争来了，用户会点开哪篇呢？怎么吸引用户的目光停留呢？我的笔记怎么排名靠前呢？

决定笔记排序的是搜索相关度和笔记账号权重。

如图 3-3 所示，决定用户点击的是封面、选题、头图、账号名称、已有的互动数，即用户会通过这些信息来判断点开哪一篇笔记，如果这一环节断掉了，出现在信息流里了但用户没点开你的笔记，笔记的质量再好用户也是无法看见的。封面、选题、头图、账号名称、已有的互动数的核心是引起用户对这篇笔记的注意和兴趣。

被点击是一篇笔记面临的第二个竞争。

图 3-3　影响笔记点击的要素

**笔记被互动**：用户点击了你的笔记页面产生了阅读停留，但是这还不够，想要笔记的流量持续放大，笔记还需要产生更多的互动行为来告诉小红书的算法，这是一条值得被推荐的笔记，同时去帮这篇笔记找到更多喜欢它的人，从而实现用内容找人。

所以互动是非常关键的环节，如果没有点赞、收藏、评论、转发等互动行为，很多笔记的流量就停留在100~200，那如何让用户有点赞、收藏、评论、转发等互动行为呢？

答案是提供价值。我们前面提到互动行为的背后都有行动理由，这些理由多半是满足了用户的某项需求，比如实用的、干货的、情绪的……

运营过小红书的人很容易发现，有一种百试不爽的起号方法就是收集对应领域的技巧、合集、攻略，只要你整理了对应领域的这些知识，用户都会收藏一下，从而给笔记带来互动，其本质上是笔记的创作者用整理好的实用知识节省了用户的时间,满足了用户偷懒省事的人性需求,从而换得了收藏互动,间接给笔记加了热,从而流量得以放大,笔记在小红书内流动起来,继续去寻找下一个喜欢它的人。

笔记被互动是一篇笔记面临的第三个竞争。

**私信咨询问价**:这个环节才真正触达了我们的运营目的,前面都是实现目的的手段,因为我们其实不是想要做很多爆款、写很多笔记,只需要很多人来咨询问价最终产生购买行为。

什么决定了用户是否会对你产生咨询呢?

取决于你是否能帮助用户解决问题。前面你找到了需求、勾起了互动,也就是一个潜在的消费用户已经站到你的面前,如果你能够继续展示出你的专业、信任和解决问题的能力,毫无疑问用户会向你咨询进一步了解。你可能看过在很多笔记的评论区有"怎么买""链接呢""我想要""礼貌问价"等表现用户进一步想要咨询了解的互动内容,下次你再遇到这个类型的笔记时,请多留意一下这篇笔记是如何引出用户的问价行为的。

私信咨询问价是一篇笔记面临的第四个竞争。

**添加微信**:最后一步是加到微信产生购买和交易,也就是大家常常讨论的引流,有很多可以操作的方法,我们在后面的运营章节会详细讲解,实际上小红书的引流技巧一直在不断地升级,基本每月就会替换一次,因为官方的检测手段和管控强度越来越严格,同时小红书也在积极探索站内的闭环交易。

添加到微信是一篇笔记面临的第五个竞争。

如图 3-4 所示,从笔记被看见→被点击→被互动→被咨询→加上微信产生购买的完整路径，是一条交易型笔记面临的五个竞争，仍然符合传统电商的流量转化率漏斗，每一个环节都面临挑战和竞争，只有在每个链路上做到极致优化，才能真正实现满足变现价值下的有效爆款。

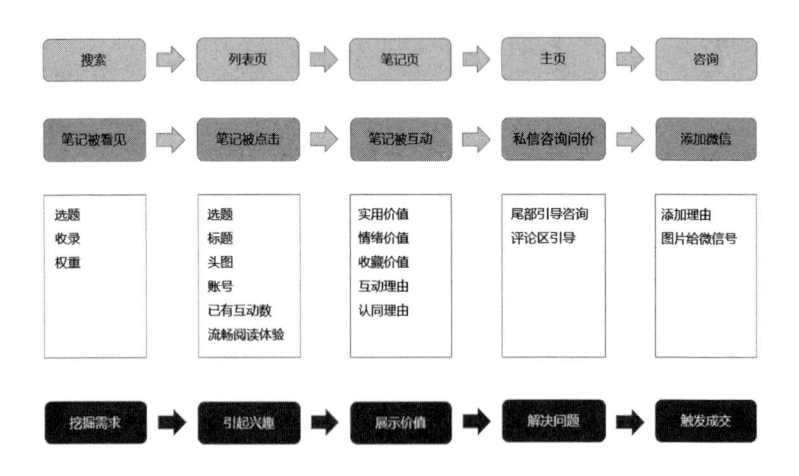

图 3-4 笔记运营的全链路

## 爆款笔记的 5 个转化率

继续沿着被看见→被点击→被互动→被咨询→加上微信产生购买的路径分析，我们会发现整个路径里有 5 个关键转化率：

- 搜索结果率：即用户搜索对应关键词，你的笔记是否出现在用户前 20 篇笔记的信息流列表里。

- 笔记点击率：出现在用户的信息流列表里的笔记是否被用户点击。

- 笔记互动率：用户点击阅读的笔记是否产生了有效互动。

- 账号咨询率：用户进入主页后是否对你触发咨询问价。

- 咨询加微率：用户通过私信咨询的有多少加到了微信。

小红书运营其实就是收集需求做变现转化的过程，也就是需求捕捉或客资收集,如果量化一下需求捕捉和几个转化率的关系,我们可以用一个简单的公式来表示。

需求捕捉 = 需求规模 × 搜索结果率 × 笔记点击率 × 笔记互动率 × 账号咨询率 × 笔记加微率

(实际上并不是每个咨询都需要经历互动,这个公式只是推演流量路径)

假设我们以装修业务为例看需求捕捉。

A 运营:

10000 人搜装修,你的笔记在搜索结果里排第 10 名被看到了 500 次,有 50 人愿意点开你的笔记,有 5 人看了你的主页,有 2 人给你发了私信,其中有 1 人加到了你的微信。

需求捕捉就是:

10000×500/10000×50/500×5/50×2/5×1/2×100%=1

也就是小红书平台上有 10000 人想装修,你都能满足,但是你只获得了 1 个需求。

B 运营:

10000 人搜装修,你的笔记在搜索结果里排第 5 名被看到了 4000 次,有 600 人愿意点开你的笔记,有 200 人看了你的主页,有 50 人给你发私信,其中有 25 人加到了你的微信。

**需求捕捉就是:**

10000×4000/10000×600/4000×200/600×50/600×25/50×100%=25

也就是小红书平台上有 10000 人想装修,你都能满足,同时你获得了 25 个需求。

如图 3-5 所示，可以发现小红书上基于变现为目的的爆款笔记需要伴随 5 个转化率的挑战，因此，基于变现为目的的小红书运营，可以总结为：

- 利用粉丝随手收藏和需求搜索的习惯。
- 选择已被验证的爆款选题。
- 把静态的封面图设计好。
- 笔记正文内容逻辑清晰、表达顺畅。
- 在这样的逻辑下，获得用户的连接机会（微信）。

搜索 → 列表页 → 笔记页 → 主页 → 咨询

搜索结果率　笔记点击率　笔记互动率　账号咨询率　咨询加微率

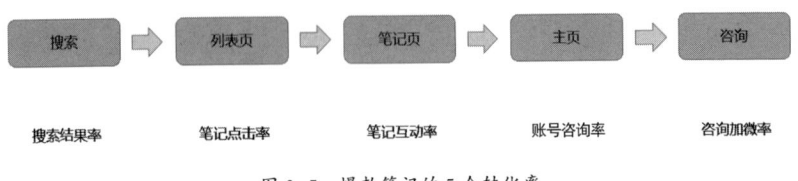

图 3-5　爆款笔记的 5 个转化率

如果定位阶段把赛道选好、执行力强、有基础的审美和设计能力，普通人也可以在小红上找到机会赚到钱。

## 3.1.3　爆款笔记的 4 个写作公式

如果你细心研究某些账号或某些账号的笔记，你会发现有一类账号的笔记几乎都是爆款，这些账号可能还是最新起来的，且发布的笔记数量不多，但每篇笔记都对应着交易目的，如果你关注这个账号，系统又会给你推荐类似的账号，你终于发现，原来这个账号只是某个团队运营的多个账号中的一个。

这时候你应该遇上了一支体系化运营、矩阵号操作的专业团队，我们"即刻下单"就是这样众多团队中的一支，这一类团队往往采用标准的运营打法，迅速地占领某一类需求，以矩阵号的方式尽可能地获取流量。

为什么产出爆款的流量运营团队可以批量产出爆款，这就是体系、专业和底层逻辑的重要性，写一篇爆款笔记不是本事，写多篇爆款笔记才是本事，更有本事的是针对不同行业都能批量写出多个关联交易目的的爆款。

那爆款笔记的创作有没有可被总结的规律或公式？下面分享我们常用的4套爆款公式。

### 1. 爆款 = 人群需求 + 表现形式 + 互动理由

人群需求：作为笔记运营者首先必须清楚的是我们的笔记是写给人看的，笔记是满足用户需求的载体，这个需求可能是情绪需求、学习需求、实用需求等生活中的实际需求，我们必须切换成用户视角来看笔记的阅读者正在面临哪些实际问题。

一个正在准备装修的人，就有很多关于选材、避坑、风格、灯光、家具购买选择等实际的需求。

一个正在备婚的人就有很多关于如何选择酒店、如何安排婚礼流程、如何给家人准备礼物、如何选择婚拍等实际需求。

一个准备去仙本那潜水的人，就有如何选择教练、如何办理签证、如何预订机票酒店、如何游玩等实际需求。

这些都是目标人群的具体需求或者用户打开小红书时需要解决的问题。

表现形式：是指我们用什么样的载体来和用户实现连接。以图文笔记为例，需要做好封面、标题、正文几个关键环节，找到用户且不让用户在这几个环节流失,这也是本书即将展开讨论的如何做封面、如何写标题、如何写正文。

互动理由:除了找到用户且让用户看到我们,真正的爆款还需要触发用户的互动,但是互动是结果,我们要在笔记中埋藏多样的互动理由,才能使得用户愿意在笔记下方点赞、评论、收藏、转发。

所以如图 3-6 所示,爆款 = 人群需求 + 表现形式 + 互动理由,只要做好了这 3 个环节,你的笔记离爆款就不远了。

爆款 = 人群需求 + 表现形式 + 互动理由

图 3-6 爆款笔记写作公式

我还要继续给出关于爆款的第二个公式。

### 2. 爆款 = 引起兴趣 + 挖掘痛点 + 解决问题

引起兴趣:一篇笔记成为爆款的前提是能够被看见,被看见的前提是能够引起用户的兴趣,也就是封面、选题上是否吸引用户,是否是目标用户的普遍需求,所以封面和选题的价值更多是吆喝。你把自己写完的笔记想象成在一个菜市场里搭建了一个小摊位,如何吸引更多的人来到你的摊位呢?一定要会吆喝,封面和选题就起到了帮你吆喝的作用,如果你吆喝得好,有很多人来到你的摊位形成了停留,这时候你会发现后面的人也都跟风来到了你的摊位,在小红书上对应着一开始互动很好的笔记往往也更容易成为爆款。

挖掘痛点:挖掘痛点依然基于对目标用户的需求理解,比如你写新疆旅行的笔记,希望用户看完这篇笔记来咨询新疆旅行的包车问题,最后完成下单交易。

你就要梳理一个用户去新疆旅行可能会有哪些痛点,在我们的实际操作中会要求整理痛点需求地图，即用户可能面临的所有问题都完整穷尽地整理出来，然后一个个地有针对性地去写。

比如第一次去新疆的用户一定会面临如何选择南疆还是北疆？新疆旅游到底是跟团还是自由行？怎么选择靠谱的包车服务？那你就需要在笔记中给出痛点的描述，以及我是如何思考这个问题的，第一次去新疆我是怎么玩的，我的真实感受是什么，各种选择对比的优劣势怎样，等等。

同样的还有装修、考研、抢票，背后都是需求痛点。

解决问题：引起兴趣和挖掘痛点以后是给出解决方案，体现你有解决此项问题的能力，旅行类的笔记你可以整理新疆各地的交通距离、门票信息、包车价格、穿衣攻略、注意事项等，这也是在帮用户解决信息层面的实际问题，还可以延伸地表达我们是从事新疆包车的旅行组织，已经服务了20000多名游客，在新疆拥有100多个包车的领队，可以很好地解决新疆旅游随走随停的旅行问题，我们价格不贵，我们服务专业，我们值得信任。

你可能会发现，以上两个爆款公式都是相同意思的不同表达，爆款笔记永远离不开这几点：笔记给谁看？切中什么需求？击中用户的点是什么？解决了什么问题？期望带来什么反馈？是否埋下了反馈的因？是否埋藏了我们期待的行为的理由？

请继续跟着我拆解一篇笔记的组成结构，梳理爆款的第三个公式。

### 3. 爆款 = 选题 + 标题 + 封面 + 正文

如图3-7所示，从笔记的结构组成上，可以将一篇爆款拆分为选题+标题+封面+正文。

爆款 = 选题 + 标题 + 封面 + 正文

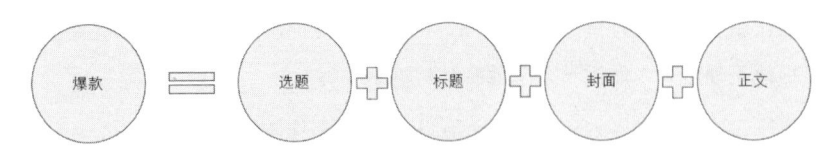

图 3-7 爆款笔记的写作公式

- 选题：选题定生死，选题决定了流量规模，即多少人对这个话题感兴趣、有需求，选题决定了用户会不会点开来看，站在用户视角，用户只关心他们自己关心的内容，所以选题必须理解人群、理解需求、找到痛点、提供价值。

- 标题：标题提供了阅读预期，最主要的价值是吸引打开。

- 封面：封面图的价值是吆喝，即吸引更多的注意力同时召唤用户点进来。

- 正文：包含开头、中间和结尾以及标签、关键词等。

选题、标题、封面、正文的写作运营技巧在本章会具体展开。

除了上面给出的 3 个爆款公式，我还要再给出最后一个爆款公式，可以回答你为什么符合爆款标准的笔记最后却没有爆。

### 4. 爆款 =70% 的概率 +30% 的运气

在实际运营中还有很多人有这样的困惑，"许老师，我都按照你说的做了，为什么笔记还没有出爆款？"

其实这样的情况非常合理，原因是小红书的算法逻辑非常复杂，一篇笔记成为爆款由很多因素组成，其中有一些偶然的因素，也有必然的因素，目前你在任何渠道看到的基于小红书运营经验提炼的方法和逻辑，只能影响 70% 的必然部分，无法左右 30% 的偶然部分。这个道理也很简单，小红书的算法是这家公司的核心秘密，从来没有任何人可以完整地知道，包括我甚至也包括小红书公司的运营人员。但是小红书是一个内容平台，一个内容平台的运营离不开用户、需求、运营、流量、算法等共性的东西，而这些共性的部分是有相似底层逻辑的。

换个角度理解，从来没有一种方法可以保证 100% 成功，普通人只能通过增加成功的概率和努力的次数，从而将正确的事情重复做，最终大概率获得成功，小红书是这样，人生也是如此。

如图 3-8 所示，提升爆款的唯一方法就是多发，在 70% 可以努力的部分努力，用数量的确定性去对抗偶然的不确定性。

图 3-8 爆款笔记的写作公式

## 3.2 爆款笔记选题的 3 种方法

前面已经介绍完了有效爆款以及爆款的创作公式，本节我们开始进入笔记写作的实操层面，即一篇笔记该如何选题？

前面在明确过程管理的章节里提到小红书账号变现大小的影响要素中定位 > 选题 > 内容 > 引流，即做一个什么样的账号比写什么笔记更重要，写什么笔记比怎么写更重要。

选题选得好，可以事半功倍，选题选得不好，就容易陷入辛苦但低效的努力，即笔记的选题是有得分的，我们优先选择那些更值得写、得分更靠前、更容易带来反馈和直接变现的选题。

## 3.2.1 需求图谱选题法

回到笔记创作和账号运营的原点，笔记承接的是需求，即我们通过运营某个小红书账号写出 20 篇笔记满足目标用户的各种需求从而实现连接和互动，最终引导到私域完成交易。

那如何找到目标用户的需求呢？

可以制定目标用户的需求图谱，即完整穷尽地罗列目标用户可能存在的不同需求，然后用不同的笔记承接这些需求。

如图 3-9 所示，仔细研究可以发现小红书有很多地方给出了挖掘搜索词的方法，主要位置有搜索栏下拉框、横向标签栏、大家都在搜、猜你想搜、搜索发现。

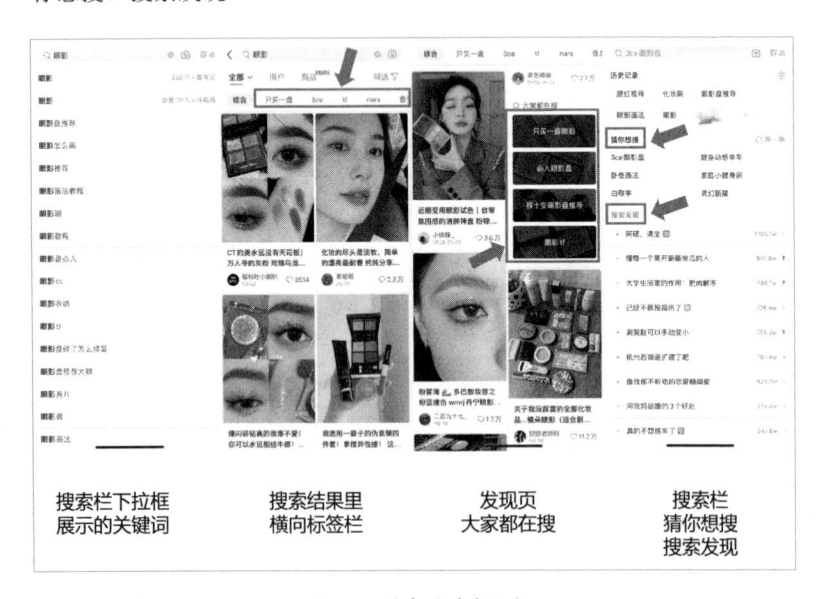

图 3-9 需求图谱选题法

**搜索栏下拉框关键词**

挖掘需求图谱最直接的方法就是去看小红书的搜索关键词。通过小红书搜索框推荐词及下拉词不断挖掘用户的需求，系统给出的潜在搜索一定是大量人群已经搜索过的且被系统提炼为普遍需求的。

如图 3-10 所示，就是我们对"新疆旅游"的关键词通过变化首字母持续挖掘细分长尾需求，从而实现对一个需求完整穷尽的挖掘。

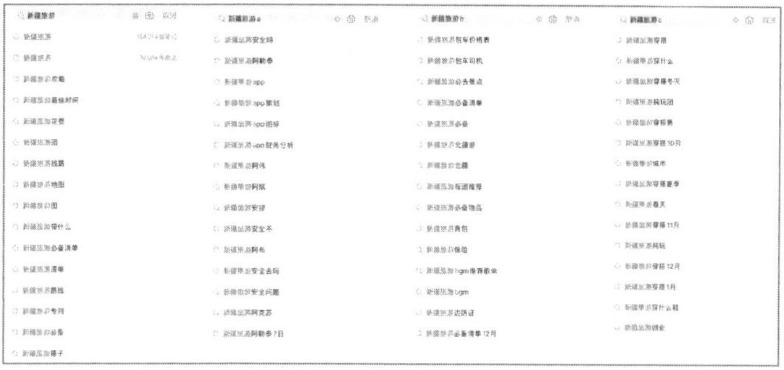

图 3-10　搜索栏下拉框关键词挖掘

需求图谱整理的原则是尽量完整和穷尽，意味着这项动作做完，关于可以写的选题及不同的选题价值如何，你都有了基本判断，而不是每天都重复地去想今天写什么。关于选题的工作，我建议尽量做在开始之前，一次做对一次做完，因为这会最大化地帮你节省后续笔记写作的时间，提高整体的运营效率。

**猜你想搜和搜索发现**

如图 3-11 所示，还需要注意猜你想搜和搜索发现，这里也可以看到系统推荐的热门话题，包括小红书官方给出的笔记灵感，都是找到用户需求的有效方式。

**猜你想搜**：会根据你的使用习惯、搜索记录、笔记互动来推荐对应的话题，如果你的账号长期运营和关注某个领域，系统推荐就会很精准，可以让你更早更快地发现需求。

**搜索发现**：是平台给出的最近热点，可以结合自己的领域适当蹭热点，加大笔记的推荐流量。

图 3-11　猜你想搜和搜索发现

### 标签推荐和相关搜索

横向标签栏：当你搜索一个关键词，且这个关键词的词频比较高的时候，小红书顶部会给出横向标签栏，一般来说，这些关键词是主关键词的需求细分，也非常值得挖掘。

相关搜索：在搜索结果的信息流列表页，系统会给出大家都在搜，这也是对这个搜索词下搜得比较多的话题的集中提炼，如图 3-12 所示。

### 第三方平台挖掘

你还可以通过"5118"、微信指数、百度指数、新红等第三方数据平台，综合来看一个选题有没有热度和需求。

图 3-12　标签推荐和相关搜索

**评论区挖掘**

你还可以重点留意那些评论很多的笔记下面的评论内容，因为评论对用户来说互动成本相对较高，用户愿意评论一定是对评论的内容有很强的需求，所以挖掘评论区也是收集需求的好方法，尤其是竞争对手的笔记的评论区。

**电商平台挖掘**

需求图谱挖掘的方法有很多，你还可以在电商平台上去找对应的产品标题、详情页、海报等挖掘用户的需求，如果运营的是旅行类目，我们就会经常去携程、飞猪看已经被商家提炼的关键词和文案，如果运营的是电器、服装，我们经常会去京东、天猫等提炼关键词和文案。

以运营旅行类笔记为例，比如需要给一个做三亚酒店的小红书账号确认选题，从需求图谱的角度可以这样展开：

❶ 确认目标人群的兴趣和需求，应该是对旅行品质有追求、对选择酒店有强需求，基本会出海的旅行人群。

❷ 击中用户痛点：三亚酒店应该怎么玩？李佳琦推荐的三亚酒店套餐值得买吗？

❸ 搜索关键词裂变选题法：

三亚旅游

三亚酒店

三亚出海

三亚海景房

蜜月三亚旅游

......

❹ 即将到来的短期趋势、节点、需求：春节三亚酒店套餐整理。

❺ 一个目的地的长期趋势：三亚租车、三亚酒店怎么选、三亚出海攻略。

要想稳定输出爆款内容，在开始第一篇笔记之前，你得提前准备1000条行业选题，筛选出200条得分最高的选题，最后写了50条爆款笔记，所以回到前文你看到的一些账号只有有限的几篇笔记，但篇篇都是爆款且能带来交易，其实是因为他们把时间花在了开始之前，通过研究调研直接略过了不值得写的950条，开始前的慢是为了开始后的快。

### 3.2.2 爆款重复选题法

爆款重复选题法是什么意思呢？

其实就是火过的内容一定会再火，详细说来就是火过的内容重复发一次还会火、换个形式发还会火、换个平台发还会火，因为火过的内容之所以火，一定切中了某种需求，而某一类人群的普遍需求一般是固定的。比如宝妈关心孩子、学生关心成绩、老年人关注健康、女性关注身材……

你可以通过新红网站，找出对应关键词下的 100 篇爆款笔记，提炼关键词来看他们的选题方向和写作角度。具体操作中不仅要看小红书上有哪些已经火过的账号和笔记，还要看知乎、抖音、微博、公众号、百度有哪些已经火过的选题，曾经在公众号火过的发在小红书依然会火，曾经以文字形式火过的换成图片形式依然会火，视频换文字、文字换视频、文字换风格、内容换平台等方式都可以让已经火过的内容再火一次。

以新疆旅行为例的爆款选题库：

- 新疆必玩景点

- 新疆徒步路线

- 去新疆要做的 40 件小事

- 新疆旅行人均 5 千元，12 日游的游玩攻略

- 去了趟新疆回来，朋友圈被拉黑了

- 刚从新疆回来总结的 33 个避坑建议

- 新疆旅游千万注意的 15 件事

- 来新疆旅游，这 20 件事千万不能做

- 2022 新疆赏花攻略

- 毕业旅行去新疆玩嗨了：8 天 9 晚毕业旅行

- 新疆旅游景点分布大全

- 在线回答新疆旅游问题

- 这趟新疆旅行，全靠男朋友熬夜做的攻略笔记

- 报名新疆旅行的 8 个注意点
- 来新疆旅游必须知道的 10 件事

这个爆款选题库，新疆可以这么发，西藏、云南、贵州也可以这么发。

我们写旅行类的笔记，一个通常的做法就是去旅游网站把曾经的爆款攻略和问答选题，提炼出来在小红书上重新发一次，这种方法比从 0 到 1 的原创选题笔记更容易获得反馈。

### 3.2.3 组合公式选题法

还有一类是沿用微信公众号选题的组合公式选题方法，来给笔记增加新的流量，组合公式的本质是多个角度增加选题的吸引力和互动率。

如图 3-13 所示，常见的组合方式有热点 + 群体 + 情感 + 价值的其中两种或多种不同组合。

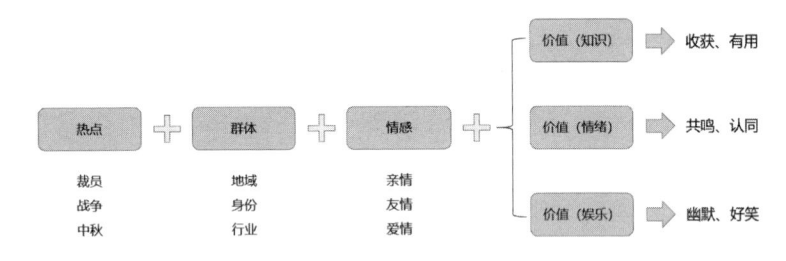

图 3-13　组合公式选题法

比如按照热点 + 群体 + 情感，可以写出"某厂裁员后，一个中产家庭的突然没落"。

按照热点 + 群体 + 价值，可以写出"高考结束，毕业旅行的 5 个推荐地"。

按照地域 + 情感 + 价值，可以写出"在上海的山东人必吃的魔都 5 大餐馆"。

如图 3-14 所示，这种组合还可以加上不同封面的不同表现形式，形成一定的创意封面和创意表达，往往也可以吸引更多流量。

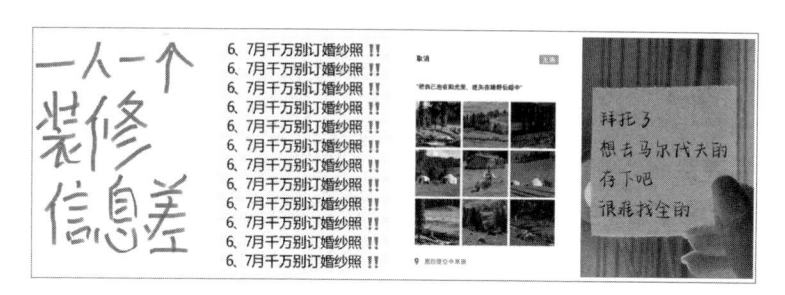

图 3-14　组合公式选题法举例

## 3.3　爆款笔记标题的写作技巧

一个吸引人的标题是爆款笔记的标配，标题的价值往往是吆喝，可以起到吸引点击和打开的作用，在完成选题之后，我们还需要找到最容易和目标人群沟通的标题，从而打开一篇笔记的初始流量，这里给出常见的爆款笔记标题的类型和写作技巧。

### 3.3.1　爆款笔记标题类型

#### 1. 对话型

用一问一答的形式营造特定场景，快速拉近与用户的距离，提高沟通效率，最快速地将用户代入你设定好的情景里，从而引发互动。

比如：

三亚酒店怎么选？刚回来整理的酒店攻略请拿走。

腿粗的女孩子如何找到穿搭，我自己总结的 3 个技巧！

刚来上海的大学生注意了，这篇攻略教你如何租房。

### 2. 数字型

在标题中加入数字，更有冲击力和价值感，用户对阅读回报的感受更直观，容易抓住重点。

比如：

装修合同需要注意的 6 个事项。

星巴克隐藏福利的 6 个菜单，不会有人不知道吧。

申根签证的 6 个小技巧。

### 3. 痛点型

标题直接给出用户痛点和解决方案，直击用户内心，代入感极强，比如每个女生的身材都有现实与理想之差，所以标题可从这里切入。

比如：

女生的私藏穿搭，每天都是理想的自己。

爱美的女孩这样吃，夏天可以穿裙子。

梅雨天气怎么办？3 个方法家里不再潮。

剧荒的宝宝们，我整理了国庆 7 天可刷的电影哦。

### 4. 干货型

标题中体现可以给到用户的价值，强调收获感，一般容易被收藏。

比如：

一招为你省下私教钱，帮你制定新手健身计划。

必会的 10 个四六级作文写法。

中国最美的 10 所大学。

### 5. 悬念型

用肯定的语气,制造悬念,从而吸引点击。

比如:

90% 女孩的恋爱观都错了!

去了新疆不下 5 次,才知道的喀纳斯正确玩法!

### 6. 反差型

和用户的认知形成反差,从而引发好奇增加吸引力。

比如:

再也不去新疆旅行了。

三亚旅游不要去,劝退一个是一个!

### 7. 互动型

有很强的对话感,激发用户的表达欲,从而增加互动。

比如:

月薪多少的人才配去马尔代夫?

爸爸姓王,妈妈姓李,求给孩子取个名。

## 3.3.2 爆款笔记标题技巧

### 1. 提供预期

即标题告诉用户笔记的内容,提供给用户一个阅读预期和回报,从而吸引打开。

比如:新娘必备,婚礼当天使用率 100%!

## 2. 定位身份

定位身份是人群筛选，即什么人应该看这篇笔记，可以让笔记的流量更精准。

比如：想要冬天去长白山的姐妹们看过来，腿粗的女孩子注意了。

## 3. 前置信息

笔记标题重点在前 10 个字，小红书标题可写 20 个字，但是小红书首页出现的笔记，标题过长是无法显示的。

比如：不用礼貌问价，直接看酒店价格，巴厘岛推荐的 10 家海景酒店。

## 4. 包含关键词

标题中必须包含关键词。标题中添加关键词，才能让用户在搜索时看到你的笔记。

## 5. 加入语气符号和语气助词

在"安利种草"类笔记中，常使用"！"，用夸张的语气"安利"好物，能够极大地感染用户情绪，从而促使用户下单。

在小红书笔记的标题创作上，没有标题党这一说，只要是符合内容的客观描述，越吸引点击越好，所以在起标题的时候，可以适当加一些词汇，比如"必备""超好用"等，实际上小红书上的用户也已经渐渐有了熟悉的"小红书体"。

提供预期＋定位身份＋前置信息＋包含关键词＋加入语气符号和语气助词是小红书笔记标题的创作技巧，小红书的标题已经渐渐形成了自己的风格，我们即刻下单团队总结过以下可以给小红书标题增加吸引力的词汇，你不妨结合自己的笔记标题，试试反馈：

闭眼入，踩坑，真相，好物，干货，抄作业，太绝了，全在这里，真心建议，超强福利，请大数据推给，这几件事一定要知道，算是玩明白了，看傻了，家人们，骂醒、内幕，隐藏，神器，王炸，超厉害，宝藏级精品，狠狠折服，颜值爆表，美到犯规，慎入，别错过，忍不住，帮你偷懒，帮你省钱，绝绝子，震撼，不淡定，不会痛吗？被追着问，瞬间出圈，硬核，过瘾，时尚种草机。

## 3.4 爆款笔记封面的3个原则

小红书以图片信息流作为呈现方式，用户第一眼主要看到的还是封面，即用户是通过笔记封面来理解这篇笔记的内容，一张好的封面会直接影响笔记的点击率，如果笔记的内容很好，但是封面没做好，缺少吸引和打开，笔记的流量就在这个环节断掉了，内容再好也没有机会和用户实现"连接"。

好的封面要能够帮助笔记在搜索排列页的同类笔记中显得更"吸睛"、更有差异，从而吸引点击打开。所以，封面在一篇笔记的结构中充当了非常重要的作用，从封面的类型来说有很多种，包括单图、多图（如图3-15所示），从尺寸上来说小红书提供了3∶4、4∶3、16∶9、1∶1四种不同的封面尺寸。

图3-15 笔记封面类型

当创作者上传多张图片时，建议裁剪到相同的尺寸，一般一个账号的笔记的风格尽量是统一的，意味着封面的尺寸一旦固定好就不要轻易改动，如果上传的图片尺寸不同的话，系统会默认按照第一张图的比例对其他图片进行填充或裁剪，有可能会丢失重要内容，因此，建议在一开始制作的时候就严格按照某个比例来排版。

从吸引视觉的角度来说，横版比例占据的屏幕空间小，可能会出现直接被划走的情况，而竖版比例占据的屏幕空间大、能展现更多的信息，即满足"越大越好、抢占视觉"的通用原则。

下面以美食、美妆和旅行三个类目的封面类型举例。

### 1. 美食类

美食类封面非常好用的类型是多图拼接，因为要提供丰富的信息点吸引用户，加上美食天然更能吸引注意力，所以多图提供丰富感和烟火气，很容易吸引打开，如图 3-16 所示。

图 3-16　美食类笔记类型

版式风格：

- 多图拼接：多图适合体现食物的丰富、选择、食欲和真实感，沟通效率最高，比如食谱、攻略、探店、合集、菜单、菜名等等都是很好的形式。

- 双图拼贴：适合对比展示，比如突出展示制作过程或者制作前后食物对比等，对比感更强烈，吸引力更强。

- 单图文字：单图视觉更集中，适合集中展示一种食物的细节或美味，适合一道菜一个标题类型的图文笔记。

### 2. 美妆类

一般来看护肤类的笔记决策需求较强，用户比较喜欢攻略、避坑、整理等对比效果、盘点功效、使用体验等。

版式风格：

- 多图拼接：展示不同美妆的品牌丰富性，在笔记正文中给出测评、感受、对比等。

- 大字话题：比如一个笔记讨论一个问题，用纯图大字突出话题，吸引点击和讨论。

- 知识科普：标题+知识点的方式突出干货，引导点击收藏。

- 双图对比：对比不同用品、使用效果前后的对比。

### 3. 旅游类

如图 3-17 所示，旅游类的图片风格选择有很多，核心是看笔记的目的是引导收藏还是私信。

版式风格：

- 单图封面：纯风景图或纯风景图+文字，但是纯风景图吸引点击会差一些，同时笔记的评论方向更多是基于风景本身的讨论，不聚焦交易目的，纯风景图+文字吸引点击就会强一些，同时用户的关注点就不在风景本身而在怎么预订等。

- 多图封面：多图提供丰富的信息点，适合想要多种信息的时候，比如酒店对比。
- 合集类封面：合集类封面适合整理景点信息、游玩攻略、美食、目的地知识等，收藏效果比较好。

图 3-17　旅行类笔记类型

封面的类型和风格很多，我们应该如何选择并找到适合自己长期复用的封面类型？既然爆款笔记的选题是有共性和方法的，那一篇爆款笔记的封面有什么共性和特点呢？

## 3.4.1　提示内容和打开理由

封面的作用是吸引打开，既然是吸引打开就承担了一部分标题的作用，即提供给读者阅读预期，通过封面让读者以极低的成本了解到这篇笔记是什么内容，看完会有什么收获，如果封面不出现文字，仅仅靠标题来提示内容的话，会增加用户的理解成本，从而降低打开。

创作方法：如图3-18所示，一般是标题文字+单图/叠图。

图 3-18　封面举例

## 3.4.2　提供丰富的信息点

除了提示内容，爆款封面还可以尽可能多地提供丰富的信息点，给予用户足够的打开理由，用户觉得信息丰富、全面、完整、有用，就会增加点击率。

这一类非常适合合集类、攻略类、清单类、信息整理类，以标题+信息点+整洁排版的方式作为封面，笔记的"赞藏"往往很高。你也可以思考针对你的业务领域有没有用户需要的信息整理，可以用这种封面的方式快速起号获得初始流量。比如整理书单、电影清单、工具整理、景点门票等，往往这些笔记的效果都不会差。

创作方法：如图3-19所示，采用标题文字+清单/多图的形式。

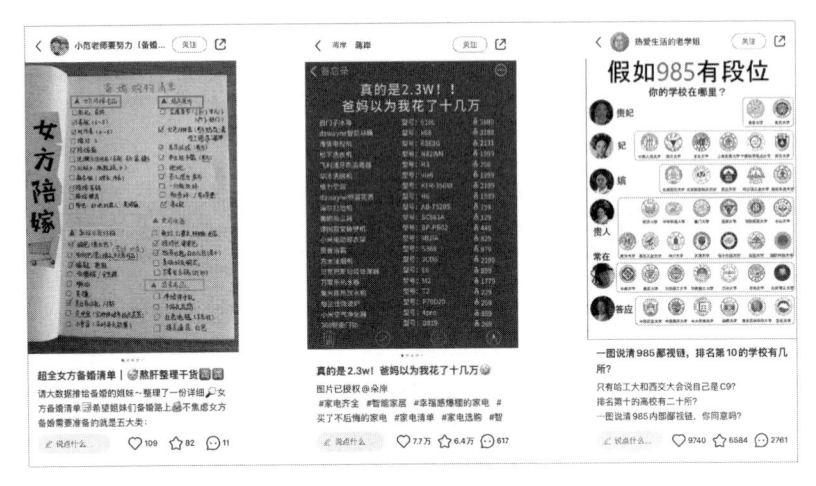

图 3-19　封面举例

## 3.4.3　图片美观和质感

在提供了阅读理由和信息点以后，剩下的就是美观和质感，因为在所有平台当中小红书的用户对美最有需求，小红书上一二线的精致女性更多的是希望在小红书上找到向往的美好生活，所以美本身就是竞争力。

对应到封面上，具体来说就是整洁、干净、清晰、不错乱，如果再加上一些设计质感和配色技巧，整体显得更有调性和温度，这样的笔记本身就在传达，你是一个专业、有温度且值得信任的品牌。

尤其是做高端产品服务的，比如高端酒店预订、高端红酒、进口零食、鲜花茶点等，你的笔记内容和图片质感就在传达这是一个有质感和审美的账号。但是也不要陷入误区，即小红书的笔记运营必须具备 PS 等设计基础，图片的第一价值依然是传达信息、触发行为，美观和质感的作用是次于信息传达的，如果你能够做到排版整洁清晰，这样的封面就已经够用了，剩下的技能则是加分项。

创作方法：一般通过在线图片网站模板就能完成，如图 3-20 所示，这些笔记封面，根本不需要复杂的设计技巧，用一些简单的在线图片编辑工具就可以完成。

图 3-20　封面举例

在实际的运营过程中，你可能会发现很多爆款笔记的封面并没有满足上面提到的 3 个标准，但是笔记的效果也很好，比如单图风景封面、单图人像封面，这又是什么原因呢？

必须强调的是世界上从来不只有一种成功的方法和路径，小红书运营也是，我们整理和提炼的方式方法只能增加成功的概率，从逻辑上来说这样做更容易获得成功，用大量的重复次数来乘以成功的概率，最终获得不错的笔记效果。至于单图风景封面、单图人像封面及随机发送的封面可能也会成为爆款，但这些笔记的效果更多依赖随机和运气，比如风景很美、人很好看、话题很有趣等，但商业运营是讲究稳定预期和指哪儿打哪儿的，我们需要让运营的结果有预期地发生，而不是将结果交给随机和运气，也就是小红书的运营更强调可复制的成功。

从实际的运营反馈来看，一篇笔记的效果大概由 70% 的逻辑 +30%

的随机因素组成，这也很好解释，用已经被提炼的方法论可以大概率获得成功，但并不代表这样做了就 100% 成功。

## 3.5 爆款笔记正文的写作技巧

笔记正文是承接用户阅读预期的重要部分，即用户通过封面和标题带着阅读预期点击进来，我们希望通过笔记正文触发用户的点赞、收藏、评论、转发、私信等互动行为。可以说封面标题是吸引，笔记正文是交付，所以笔记正文是影响是否实现笔记目的的关键环节。

### 3.5.1 爆款笔记正文的 3 个结构

你现在可以打开小红书找到一篇笔记观察一下，一篇笔记由几个部分组成，每个部分承担了什么样的价值，又该如何实现每部分的价值。

如果拆解来看一篇笔记的正文，会发现有 3 个结构：即开头、中间和结尾。开头的价值是承接标题，强化标题信息，引导用户往下看，因为用户点进来首先看的是正文开头，这时候用户往往通过笔记的封面和正文对内容有预期，如果正文开头没有承接好这个预期，用户的阅读就很可能中断，导致离开，那么就无法触发用户的互动行为。

**笔记正文开头**

笔记正文的开头需要提及关键词和承接预期。

1. 提及关键词

提及关键词其实是为了布局搜索 SEO，来告诉算法，这篇笔记和对应关键词有一定的相关性，从而在搜索结果中获得靠前的机会。

2. 承接预期

把内容和自己联系起来，解答用户潜意识的疑虑，"你为什么写这个，我为什么要看完"。

比如你是做出境游的，你可以这样开头："刚刚正在马尔代夫考察酒店的办公室小伙伴向我吐槽，马尔代夫的酒店涨价真是太厉害了，还好我们提前向航空公司和酒店预留的机票和酒店没有涨价，但是因为新冠疫情结束后，旅游需求暴增，整体马尔代夫的酒店价格上涨非常厉害，比我们2019年拿到的酒店价格要贵很多，今年要去马尔代夫的宝宝真的要抓紧了。"

其实这个开头就很好地抓住了用户的需求和心理，试想一个想去马尔代夫的旅行用户必然关心价格和专业性，这个笔记的开头没有直说自己很专业很靠谱，但是开头几句话已经体现了新冠疫情前就一直在做马尔代夫且有包机控房的能力且同事正在马尔代夫考察……如果一个正在寻找马尔代夫旅行产品的人看到这篇笔记，大概率是会主动私信以获得更多信息的。

这也是我一直告诉我的同事的，小红书笔记文案要区别于传统文案的表达方式，即"不以建立信任的方式建立了信任，不以销售的方式完成了销售"。

### 笔记正文中间

笔记的正文中间要有信息价值，让用户觉得有收获，无论是知识的还是情绪的，要提供足够的干货信息换得用户的认可。

#### 1. 写上序号和用好分隔符和表情包

正文中间的内容往往很多，用户阅读起来会有成本和压力，需要帮助用户降低阅读成本，让用户看我们的笔记赏心悦目、非常舒服，一不留神就看完了，可以用分隔符、序号、表情包的方式做好排版，使得阅读体验很流畅。

### 2. 语句尽量口语化

尽量以对话、朋友沟通的口吻来表达，小红书整体的社区氛围更倾向于友好分享、真诚表达。如果用户在你的笔记中感受到了真实，往往更容易收获信任，所以表达不妨可爱一些、生活化一些，像是生活中的好友沟通。"家人们""真相了"都是很好的表达。

### 3. 添加关键词

笔记正文同样需要布局一些关键词，使得笔记的 SEO 效果更好。

## 笔记正文结尾

笔记正文中间已经交付了阅读价值，但是让用户看笔记不是目的，我们还希望笔记能够带来用户的更多关注、私信、点赞、评论等互动行为。

### 1. 提醒互动

可以通过语言指令，提醒用户点赞收藏，很多用户真的会因为你提醒了就顺便做了收藏等互动，而每一次用户的互动都是在给笔记加大流量。

如果希望用户问价咨询，也可以直接告诉方式，比如"评论区留言我会一一回复""直接私信获取价格"。

如果希望用户进入主页，可以告诉用户"主页已经整理好了更多的内容，欢迎大家查看""这是我写的这个系列的第 5 篇，主页还有更多内容"。

### 2. 身份介绍

要想用户有私信和问价行为，你还需要解除用户的内心顾虑，即你是谁，你是否专业可靠，如图 3-21 所示，在旅行类的笔记结尾常常可以看见下面的方式。

【关于我】

5A 上市旅行公司，巴厘岛直签酒店 100+，巴厘岛旅游局指定接待单位

【怎么预订】

- 看我头像里的数字，私信我，我会第一时间回复。
- 想咨询其他酒店或日期，在评论区留言。
- 6 年定制旅行经验，用心服务每一位顾客。

图 3-21　笔记正文结尾

在笔记结尾部分通过身份介绍，主动打消用户的顾虑，从而更容易触发问价咨询。

以一篇贵州旅行的笔记为例，我们看完整的笔记应该是怎么写的，开头通过各种痛点引入，如"黄果树瀑布到底怎么玩？""行程到底怎么安排？""拍照踩了很多坑"，中间提供用户需要的实用信息，如最佳的拍照位置、景点攻略、游玩黄果树注意事项、食宿建议，最后告诉大家贵州旅行的适合方式以及自己可以提供的服务。

标题：一篇秒懂，黄果树瀑布游玩攻略，附住宿推荐

正文：

近期好多宝子问我，黄果树瀑布到底怎么玩？行程到底怎么安排？有人吐槽1天时间游玩黄果树瀑布根本来不及，且行程还难走。

小编要说那是宝子们攻略没做好不会玩，宝子们把游玩时间安排好，1天畅玩黄果树瀑布一定没问题！

今天这份攻略帮你们解决黄果树瀑布游玩路线，好玩不踩坑，赶紧"码"！

现在6~8月贵州A级景区有免门票和半价门票的活动，来的宝子别错过，提前预约好门票。

**景区概况**

**大瀑布**

整个景区的中心，水从悬崖上飞流直泻，发出巨大的响声，场面十分壮观

**天星桥景区**

景区分为上下两段是所有景点里面最累的，耗时最久的，不建议老人游玩

陡坡塘这里是黄果树瀑布群中瀑顶最宽的瀑布，86版本《西游记》唐僧师徒过河的取景地。

**游玩路线**

天星桥（入）→游览天星桥上半段（美女溶、侧身岩、生日牌）→天星桥下半段（天星洞、银链坠潭瀑布）→黄果树瀑布→陡坡塘瀑布→停车点→步行至出口

**住宿推荐**

黄果树柏联酒店,在柏联酒店的茶室里有一个度假观景位。

距离瀑布直线距离 500m,正对瀑布半山腰,妥妥地占据着 C 位。

与瀑布咫尺相望位置,还可以换上民族服饰,和瀑布来张单独合影,一边品茶一边观景,安逸啊。

**贵州旅游 4 天 3 晚路线**

DAY1:贵阳—黄果树瀑布—滴水滩瀑布—坝陵河大桥—都匀石板街

DAY2:都匀市—小七孔—西江夜景

DAY3:西江千户苗寨—镇远古城—云舍景区—夜宿江口

DAY4:梵净山—贵阳

**黄果树一日游**

DAY1:黄果树瀑布 + 滴水滩瀑布 + 远观坝陵河大桥

**关于我们**

2 人成团,1 人也可以安排,贵州

2~4 人 5 座车、5~6 人商务车

我们提供黄果树、小七孔、西江苗寨的包车服务,每日发团

还有什么想了解的下方集合,我会解答您的出行疑惑

如果你对开头、中间和结尾有了更深的理解,还可以将整个正文的写作提炼成公式,即笔记正文 = 承接预期 + 引入痛点 + 描述情景 + 解决方案 + 互动理由。

表 3-1 笔记正文结构拆解

| 结构 | 价值 | 动作要点 | 举例 |
| --- | --- | --- | --- |
| 开头 | 承接标题，强化标题信息，引导用户往下看 | 1. 提及关键词。<br>2. 把内容和自己联系起来，解答用户潜意识的疑惑 | 标题是泰国旅行，"去泰国旅行，看这一篇亲测攻略就够了"<br>标题是新疆旅游，"多次去过新疆，新疆真的是太美了下面的攻略是我亲手整理" |
| 中间 | 要有阅读价值，让用户觉得有收获 | 1. 写上序号和表情分隔，给用户良好的阅读体验。<br>2. 语句尽量口语化，可爱一些，生活化一些，像是生活中的对话，说服性才强。<br>3. 添加爆款关键词：场景关键词、需求关键词、结果关键词 | 统计这个领域的热门关键词，在正文布局 |
| 结尾 | 结尾部分需要触发动作：关注、私信、点赞、评论 | 1. 提醒互动。<br>2. 身份介绍 | 1. 整理不易，点赞收藏方便找到呀，喜欢别忘了收藏呀，感兴趣可以私信我哦，评论区一一回复哦！<br>2. 其他推荐也可以在评论区告诉我哦。<br>3. 这是第 3 期推荐，下期我们说新疆美食，可以看之前推荐过的酒店篇哦 |

如果你对笔记正文结构还有更深层的理解，很容易发现不同的开头、中间和结尾其实可以不断地排列组合，这样可以批量生产出很多笔记。实际上 ChatGPT 出现后，我们第一时间将它应用在小红书，运用不同的 AI 工具，可以让笔记的写作更有效率，在后面的章节将会具体举例。

当你熟练掌握小红书的运营逻辑的时候，会发现小红书不仅能帮你把业务放大变现，在整个运营的过程中也非常有趣好玩、充满空间和想象。

## 3.5.2 内容交付的 3 层价值

前面介绍了笔记正文的写作方法,在爆款笔记写作的最后,我想提醒你的是内容交付的价值。

每一个笔记运营者当然希望用户能够对我们的笔记产生互动行为,但是互动行为是结果,持续产生爆款的笔记一定是因为我们提供了行为的因,即给予用户的互动理由。一般来说,用户可以在小红书笔记收获 3 层价值,即实用价值、情绪价值、决策价值。

**实用价值**

一般指的是信息或知识,用户看完以后觉得有用、有帮助、有收获,用户通过笔记了解了新的信息或内容,节省了用户自己去了解的成本,笔记的价值可以是好玩有趣、省钱省力、长知识、有成长、用得上,如图 3-22 的实用价值笔记。

比如中国护照免签国家汇总、女孩子 20 岁前要看的 20 本书、中国最美的 10 所大学、一个人也可以做的 10 道菜等。

图 3-22 实用价值笔记

### 情绪价值

所谓有"情绪价值"的笔记,就是指一些笔记或许没有实用性,但能够给用户传递一种情绪,用户通过笔记获得了开心、有趣、认同、共鸣、愉悦、治愈的心情。

比如你的笔记是分享美景的,用户在看完笔记的当下去不了,但通过你的笔记用户感受到了旅行的放松和对远方的向往,这就是一种情绪。

比如你是分享好物家居的,每个人都对自己的小家有很多想象,通过你的笔记构建了用户对美好生活的向往,会忍不住想跟着你的风格来装修,这也是一种情绪。

比如你是分享健身的,通过你的健身过程对比和健身日常打卡,用户从你的笔记中获得了自律的力量和坚持的动力,以及对自己变得更美的憧憬,这也是一种情绪。

### 决策价值

决策价值是帮助用户解决一个真实生活的实际问题,比如一个正在装修、一个正在备婚、一个正在考研、一个正在买房的用户等,小红书之所以可以成为很多女生的"百度",就是因为有巨大的辅助决策的价值,用户通过对比、测评,完成了某项决策,常见的有合集、测评、科普、避坑、教程、攻略等类型的笔记。

比如:

618购物清单,值得入手的高颜值小家电。

减脂必囤的低卡零食、好吃不胖。

装修避坑的合同指南20条。

新疆旅行的8项注意!

决策价值的笔记我们也称为交易型笔记，因为决策之后就是购买，所以决策类笔记的交易效果往往更好，也更有商业价值。

在这一节我已经完整讲述了爆款笔记的制作思路和技巧，总结下来就是把每一篇笔记，当作你的产品去打磨，想一下这篇笔记的目的是什么，人群是哪些，他们为什么要看这篇笔记，对他们有哪些帮助，会通过哪些内容来打动他们，基于这个思考你要想好封面如何设置，标题怎么写，正文怎么写，具体如何进行布局，要预埋哪些钩子，怎么让用户关注，怎么触发用户的交易行为等。

## 3.6 爆款笔记评论区运营技巧

评论区同样是不可忽视的部分，尤其是对于爆款笔记，原因很好理解，我们发布和运营笔记的目的是通过内容找流量，既然爆款笔记已经把人群吸引到了笔记，那么应该用尽可能多的手段增加用户的互动和停留，即不要看完笔记就走了，要加以引导地让用户留下行为反馈。

### 3.6.1 评论置顶

置顶评论的位置可以获取用户最多的注意力，根据笔记和评论区收集到的用户反馈的一些信息，或者你希望用户注意到的内容，或是你想引导用户做的行为，可以把这些关键内容进行评论置顶。

比如：

- 想要引发关于购买的讨论，可以针对用户的购买顾虑做一些回答。
- 想要高效地传递有效信息，可以通过评论区的图片进行评论，如订单截图、店铺截图、商品页截图。

- 想要引导用户进入群聊，可以复制群聊链接，方便用户直接复制进入。

- 想要导流到小号，可在评论区 @ 小号，告诉用户在这里咨询：亲亲，有事可以 @ 小助理哦。

### 3.6.2 引导氛围

评论区的氛围是需要引导的，即你想要用户看完做什么行为，你需要引导和设计，因为小红书上的用户具有羊群效应，大部分人都是跟风、从众，所以我们需要的是带动羊群的头羊，主动引导第一条评论的走向，给出用户行动的指令。

我们曾经拿两条相同的笔记测试，一篇笔记下面不做主动评论，一篇笔记发布半小时后用小号主动评论"多少钱""怎么预订"。结果第二天经过主动评论的笔记下面齐刷刷地出现了问价咨询，这也很好理解，用户很懒不想动脑，并不是每个用户看完笔记都知道你是可以提供服务的，当有人评论你又做了回应时，就是在非常明确地告诉意向用户，"我可以提供服务，你有需要可以找我，评论就是找我的方式。"

你还可以做更多的氛围设计引导用户：

- 进入主页：主页里都是好东西，太有趣了！

- 询问在哪儿买：求链接，蹲蹲。

- 询问价格：礼貌问价。

- 购物反馈：可使用图片订单截图进行评论，增强真实性，进行二次种草。

- 卖家秀：好巧，我也买了。

- 消除疑虑：针对用户提问，及时回答，打消用户的购买顾虑。

### 3.6.3 给出指令

给出指令是引导用户按照你想要的方式来互动，比如你想减少私信，问价留在评论区，你可以回复评论的内容为"私信不回，评论区留言，进群答复""私信不回，主页可以找我""关注后发送详细信息"。如图 3-23 所示，这样后续看到笔记的用户就会按照你设计好的互动方式来找你，降低你的回复成本。

总的来说，评论区同样是一篇笔记的重要组成部分，如果运营得好，可以让笔记的互动和变现效果翻倍。

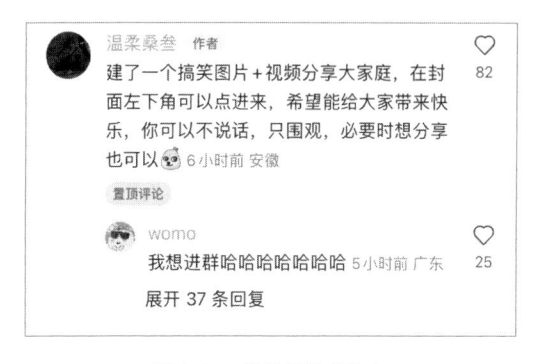

图 3-23 评论区给出指令

# 第 4 章
# 引流：关键运营开启流量加速度

这本书更多的是讲小红书变现，但在我的小红书运营交流群里很多人的关注讨论点依然是引流和涨粉，尤其是刚刚接触小红书的新手，不具备完整的闭环商业思维，更多地关注运营的细节而不是一个闭环体系。本章中我会重点帮你厘清，一个以变现为目的的小红书账号，为什么需要涨粉和账号涨粉的方法路径。

## 4.1 小红书涨粉的底层逻辑和构建路径

### 4.1.1 账号涨粉的 3 个误区

你必须首先搞清楚目的，然后才有实现目的的对应策略，不然在执行中常常容易偏离和返工。我接触过很多运营者向我咨询为什么账号不涨粉？其实对方运营的是一个变现类账号，不一定需要涨粉才能实现变现，也有人做了很多爆款笔记但是涨粉很少，也有人账号粉丝量十几万但依然没有变现……

一个标准的互联网人开始一项运营动作之前的思考一定是先问目的，在账号涨粉问题上也是一样，即账号涨粉的目的是什么？

小红书账号涨粉目的大概分为以下几种：

1. 提升影响力

在互联网上账号粉丝量体现了账号影响力，更多的粉丝量往往意味着更大的影响力，这些影响力可被转化为带货变现、品牌价值或私域变现。

2. 长期运营

虽然这一类运营者没有直接的商业需求和变现路径，但是也想长期运营自己的账号，因为涨粉是笔记运营的直接结果，所以粉丝量是这类人群最为关心的。

3. 方便接广告

在小红书广告报价上，粉丝量是衡量博主广告价值的指标之一，更多的粉丝量，往往意味着甲方更高的广告出价。

不同的涨粉目的决定了不同的运营策略，厘清了目的，我们继续看看关于账号涨粉的3个误区。你可以对照看看，自己有没有出现下面类似的情况。

### 误区一：有爆款笔记，但不涨粉

实际中，你可能会遇到有的笔记是爆款，甚至多篇笔记都是爆款，但是账号就是不涨粉，一个账号的涨粉涉及很多要素，包括装修与定位等，但是爆款笔记不涨粉最主要的原因是笔记有信息价值，但是无人设体现，无持续价值，用户缺少关注理由。

你可能看到过某个话题笔记有很多互动评论，用户在评论区的讨论很火，即在某种程度上实现了"连接"，但用户不知道也不关心你是谁，用户只是在你的笔记下展开聊天而已。合集类的笔记有很多点赞和收藏，但用户只收获了笔记中的内容信息，并没有对你建立认识和了解，也看不到关注你的后续预期价值，所以无法触发关注动作。

清楚了这点，你在运营中也就不用再盲目蹭热点、发表有热度但与自身定位不符的笔记，也不要制作纯干货但是丢失人设和运营目的的笔记。运营过小红书的人最后都会发现，其实做个爆款很简单，你可以蹭个热点、取个讨论度很高的标题、整理一篇干货帖，但是最难的是从流量到变现。

如图4-1所示，这些笔记都是某种意义上的爆款，且这些爆款的制作成本很低，但这些爆款并不都能实现变现。

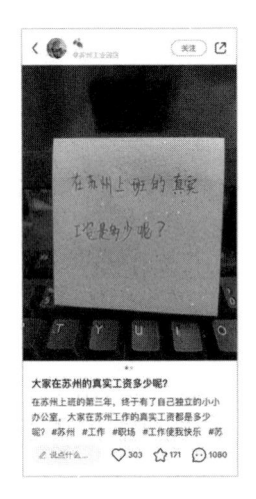

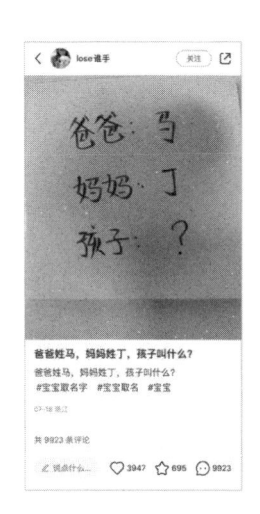

图4-1 爆款但不变现

### 误区二：以为所有的账号都要涨粉

必须强调，不是所有的账号都要涨粉，涨粉必须结合你的运营目的，尤其当你的目的是基于私域获客进行交易变现时，往往实现连接后，直接将粉丝加到微信中后变现效率更高，是否涨粉根本不重要。

当然账号在实现私域导流和交易变现后，顺便涨粉也是可以做到的，两者并不冲突。需要注意的是，并不是涨粉了就能变现。在前面的章节，我们提过交易 = 需求 + 连接 + 信任，小红书匹配了供需，实现了连接，在某些品类里完全可以实现连接即交易，这时候涨粉只是顺带的结果，而不是运营的出发点。

**误区三：以为涨粉就能变现**

从变现的思维出发，我们应该从获得第一个粉丝的时候就开始赚钱，千万不要以为，等获得了几万个粉丝就好了，第一个粉丝挣不到钱，几万个粉丝也还是挣不到钱，要让流量和成交同时发生。我就见过好几个人做了几万粉的账号但是没有变现。从变现价值来说，这些运营了一年的账号可能不如我们团队花一周的时间运营出来的账号。

如果你是基于变现目的来运营小红书的，要时刻提醒自己小红书流量不值钱，带着需求的流量才值钱，小红书粉丝不值钱，导进私域的粉丝才值钱，我们不是来做涨粉的，我们是来做生意的。

如果你是卖水果的、卖衣服的、卖装修的、卖考研资料的……这些交易目的性非常强，运营小红书的目的非常直接，就是来找需求找生意的。如果可以通过笔记触发互动讨论、进群私信，最后加到微信，就可以考虑交易，所以完全可以从你的第一篇笔记第一次连接开始变现，让流量和成交同时发生。

以上是关于涨粉的3个误区。当你打开小红书时，可以看到很多账号还停留在有爆款但不涨粉、有涨粉但不变现的误区里，我特别希望你不要陷入这样的误区。

下面我们进入账号涨粉的构建路径。

## 4.1.2　账号涨粉的构建路径

换位思考一下，把自己切换到用户视角。我们平常使用小红书的场景一般是点开小红书，看到一篇笔记，觉得笔记不错就进入主页看看这个账号的装修（昵称、简介、头像），然后继续看看这个账号之前的内容，感兴趣就继续看，不感兴趣就关闭退出，返回小红书首页。

在这样的路径下，用户会根据什么判断是否要关注一个账号呢？

### 1. 垂直定位

垂直定位的好处是清晰地告诉用户你是干什么的，你会输出什么，关注你有什么价值，定位清晰会降低用户认识了解你的成本，试想每个用户看到你的笔记不假思索地就知道你是做什么的，知道你是专门做这个领域的且会持续输出，那么就很容易触发用户的关注动作。

从行为学的角度来说，关注就意味着用户接受了你，接受的前提是认识你、了解你、喜欢你，那么我们就要通过笔记运营来告诉用户我是谁。

从系统算法的角度来说，垂直意味着更简单，熟悉的成本更低，用户更好理解你，算法也更容易认识你，只有系统认识了你，才能更好地推荐你。如果你的定位不精准，不仅用户不认识你，就连系统也不认识你，不认识你就无法精准地推荐你，推荐不精准则笔记的点赞、收藏等互动就上不来，系统会觉得这篇笔记内容欠佳，一旦停止推荐，笔记流量就会下降。

比如，你是做旅行定制业务的，你的定位和笔记内容里没有直接显示你的目的，系统把你理解为做探店美食攻略的，这样基于推荐的流量开关就被掐断了。所以商业类账号的装修一定要在昵称、简介、头像中告诉用户你是谁，记住陌生感就是最大的成本。

### 2. 真实人设

小红书的整体氛围是喜欢真实分享，所以你最好基于一个真实的人设或品牌来运营一个账号，因为真实本身就有价值，用户更喜欢和一个生活中真实的人互动。当你的账号出现有爆款笔记但不涨粉的问题时，多半是因为笔记内容和账号装修上没有体现你的人设，没有突出人的温度和你与笔记内容的关联，笔记内容有价值，但用户没有必要关注你。

如果你有自己的业务和生意，不妨把品牌名称沿用过来。如果你本身就是创始人、产品经理、销售经理、置业顾问……也可以真实地分享你的生活和工作，让用户觉得你是真实的人，从而更信任你。

### 3. 稳定风格

稳定风格的好处是给用户预期，同时降低笔记的制作成本，还能提升笔记的质感，让用户觉得很专一，值得关注。

试想用户通过笔记进入你的主页，发现账号内容不统一、风格随意且错乱、质感欠缺、专业素养不够，很少有用户愿意关注这样的账号。

一般我们在运营账号之前，就会确认笔记的选题、定位和风格等，核心就是更完整、更前置地结合运营目的思考账号运营中可能遇到的问题。

### 4. 持续价值

持续价值是很直接的关注理由，因为关注动作是在潜在表达用户想看到这个账号的后续内容，所以你要在账号的简介和笔记中传递出你会持续更新，比如"小破房子装修记"，就是完整记录一个房子从毛坯到精装的过程，很多用户知道关注你可以看到你构建新家的整个过程，从而高效避坑，还能收获情绪与经验。你还可以通过统一的笔记封面、标题编号等方式来传递持续价值，表达出你是会持续更新这个领域的笔记的。

总之，希望被关注是结果，作为运营者需要思考的是：你为这个结果做了什么？你为用户提供了什么行动理由？你可以提供什么价值？让粉丝可以得到什么好处？

比如，用户关注你可以在你这里持续获得知识、技巧、欢乐、优惠、美丽等。

关注你可以学会穿搭，把自己打扮得更美丽。

关注你可以学会做菜，感受美好生活。

关注你可以知道旅游应该去哪里以及省钱避坑技巧。

关注你可以学习新知识，获得新的启发。

关注你可以了解减肥瘦身的知识，让自己的身材变好。

不管身处什么赛道和领域，你的笔记如果能持续解决指定人群的需求和问题，就能获得这个领域人群的持续关注。

### 4.1.3 决定涨粉的关键要素

你现在打开小红书，随意点开一个账号的主页，可以看到这个账号的粉丝数，如图4-2所示，我们可以明确地知道这个账号一定经历了从新号开始到发布若干篇笔记，最终获得了当前这么多粉丝，那什么决定了账号的涨粉量？如何提升在相同时间内发布相同笔记后的账号涨粉量？

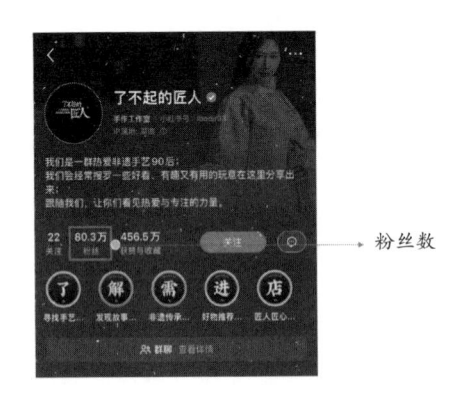

图 4-2 账号粉丝数举例

**爆款率和转粉率**

我们重点看以下这两个指标：

- 爆款率：指的是笔记的流量属性，即这篇笔记的流量规模。

- 转粉率：指的是笔记是否能带来转粉，有的笔记流量很大，但是没有触发用户对账号的关注。

所以笔记的涨粉量由笔记的爆款率和笔记的转粉率共同决定，账号的涨粉量还需要加上笔记量的维度。

你可以通过下面的公式简单地理解这几个指标之间的逻辑关系：

笔记涨粉量 = 爆款率 × 转粉率 × 阅读量

账号涨粉量 = 笔记量 × 爆款率 × 转粉率 × 阅读量

从上面的公式可以很好地解释，堆笔记量不一定涨粉，爆款笔记也不一定涨粉，只有转粉率高也不一定涨粉，涨粉是账号笔记量、爆款率、转粉率综合运营的累积结果。实际运营中，有垂直定位、真实人设、稳定风格和持续价值的账号，转粉率往往较高，视频类出镜笔记比图文笔记的转粉率往往更高。

赞粉比 = 赞藏数 / 粉丝数

一个账号的涨粉率通常可以通过赞粉比来进行比较验证，即把账号的赞藏数除以账号的粉丝数就得出了账号的赞粉比，也就是多少个点赞收藏会带来一个粉丝关注。从用户的互动成本上来说，点赞收藏的成本小于关注，点赞收藏只是用户觉得内容有价值，但是关注才使用户觉得账号有价值。如果每篇笔记都是独立的且不形成对账号价值的表达，那么赞粉比就会很大，即需要很多个点赞、收藏最终带来一个关注，账号的流量没有对应到涨粉动作。通常赞粉比小于 5，说明账号的涨粉效果很好；赞粉比为 5 ~ 10 之间，说明账号处于一个正常的水平；赞粉比大于 10 说明账号涨粉率很低。

你可以对照看一下自己运营账号的赞粉比。

### 4.1.4 账号涨粉的 7 个方法

在实际的运营中，如表 4-1 所示，你可以通过 7 个维度的设置来提升账号的涨粉率。

表 4-1 账号涨粉方法

| 运营模块 | 运营动作 |
| --- | --- |
| 首页装修 | 简介，瞬间打卡 |
| 置顶笔记 | 提示关注 |
| 笔记 | 图片标签，正文开头、尾部，第九图引导首页关注 |
| 评论区 | 置顶，用户的评论回复 |
| 社群运营 | 群公告，入群欢迎语，及时解答群内疑问后引导关注 |
| 私信交流 | 回复不易，可以点个关注呀 |
| 内页 | 笔记的内页提供关注理由 |

**首页装修**

账号主页的装修十分重要，通过简介直接展示账号的人设、价值、联系方式等，然后用价值利益点作为诱饵吸引用户关注。

持续性 + 利益点 + 引导语：每天告诉你还能去哪儿玩，分享全国旅游出行攻略，欢迎关注。

引导语 + 利益点：关注我，每天进步一点点。

持续性 + 利益点 + 引导语：每日一篇深度文案思考，如果你想提升思维和创作能力，欢迎关注。

**置顶笔记**

置顶笔记可用于直接的、总结性的业务推广，并可在其中埋下联系方式和关注理由。

也需要在其他笔记中提示用户观看置顶笔记，这样才能有更多的人进入首页来阅读这篇置顶笔记,这样不仅增加了进入首页的流量,也实现了和用户的连接。

### 笔记正文

每一篇笔记都是直接与用户沟通的触点,优质的内容能将用户吸引进入账号首页,但超级优质的内容在笔记阅读页面即可获得粉丝关注,比如以简短模式化的开头或结尾为阅读用户建立该账号能持续产出优质内容的认知,从而引发用户关注,还可以在笔记的封面或者标题中展现内容输出的系列性。

### 笔记开头

例如:

大家好!我是做了8年定制的资深旅行定制师,
每日更新全国目的地旅游攻略,
出行类答疑解惑超在行,
欢迎关注。

### 笔记结尾

例如:

心动不如行动,
点击右上角红色小框关注我,
然后发送暗号,
即可一一回复宝宝们哦。

### 评论区

评论区同样是用户注意力比较集中的地方,多加引导也有很好的效果,可以借助小红书打招呼有次数限制,互关可以实现互相发消息的机制,留言激发用户关注自己。

例如：

6次旅行专注高端酒店套餐预订、纯玩小团定制服务，

每日打招呼次数有限，

请各位朋友关注—评论—消息，一键三连，

小编会第一时间赶到！

预订方式：私信

价格：某程的88折

快来戳我吧！

可以先点右上角关注哦，这样我就能和您说话啦！

### 社群运营

不是每一个进入社群的用户都关注了账号，那么我们可以在回答完用户的问题、和用户建立了初步联系以后，在群内常常"刷脸"及转发干货笔记，也可以引导用户顺便进行关注。

### 私信引导

一般私信的用户对账号内容的需求都比较强，在回答完用户的咨询以后，可以加一些引导关注的话术。

### 内页图片引导

除了封面的内页图片，也可以使用对应群聊、内容更新、加微教程、资料领取、持续性价值提供等利益点，吸引用户进入账号主页点击关注。

除了以上方法，还可以尝试在编辑笔记图片时带上账号标签，用户点击标签后即可直接进入账号主页，优秀的爆款笔记可以带来更多进入账号主页的流量，如果账号主页的笔记优质、排版协调性比较好，用户进入后看见整齐划一的优质内容，关注的欲望也会大大增加。

## 4.2 提升笔记流量的有效方法

终于到了提升笔记流量的环节，你可能会发现，在本节之前，我已经用了很多篇幅和你讨论定位、闭环、目的、需求等话题，因为当你清楚了这些以后，会发现给笔记引流其实没那么难。

我们从关键词 SEO 和权重收录及流量结构的角度来看看如何提升笔记的流量。

### 4.2.1　SEO：有搜索的地方就有 SEO

在第 1 章中，我带你了解过一篇笔记的流量结构，通常来说，小红书的流量分为搜索流量、推荐流量和关注页流量及其他来源流量等。

- 搜索流量：即用户搜索某个关键词，你的笔记会出现在搜索结果中，被用户看到。

- 推荐流量：即小红书根据标签把你的笔记推荐给可能对笔记有需求的用户。

- 关注页流量：用户刷新小红书首页会优先看到自己关注的账号的更新笔记，流量大小取决于你的账号粉丝数，一般新号几乎没有关注页流量。

- 其他来源流量：如用户将笔记链接分享到站外，链接被点开所带来的流量等。

你可以点开"小红书→创作中心→数据中心"，查看你运营的小红书账号的流量组成。小红书平台给出的最新报告指出，搜索流量已经占据整个平台流量的 60%，其次是推荐流量，约占 30%，从流量结构及搜索和推荐流量的占比来看，一篇笔记的流量主要来源于搜索和推荐，其中搜索流量的占比更大，这很好地解释了为什么在小红书上新号也有机会，因为依靠搜索流量，新号也可以获得笔记的展现机会。

搜索流量的获取依靠SEO，推荐流量的获取依靠权重和相关性，下面我们逐一介绍。

SEO你肯定听过，即Search Engine Optimization，搜索引擎优化，它是一种通过分析搜索引擎的排名规律，了解各种搜索引擎怎样进行搜索、怎样抓取页面、怎样确定特定关键词的搜索结果排名的技术。SEO成立的前提是搜索行为很多，系统需要根据不同的搜索行为呈现不同的搜索结果页，那么某个搜索结果是否出现及出现在第几位，就成为运营者们关注的重点。

什么是小红书SEO？

基于小红书上有大量搜索行为的前提，将笔记不断优化，使得笔记出现在对应的搜索词下的运营干预，就是小红书SEO。

2023年5月，我在复旦大学分享了一堂自己的流量课"交易型流量的运营方法论"，其中的很多观点就源于我深入做小红书流量以后的发现。我发现对比所有的流量类型，搜索流量是成交效率最高的流量，搜索流量也是所有流量中最有价值的流量，如表4-2所示。

表4-2 不同流量类型的对比

| 流量类型 | 流量规模 | 流量成本 | 信任度 | 成交效率 |
| --- | --- | --- | --- | --- |
| 推荐流量 | 小 | 小 | 高 | 高 |
| 内容流量 | 大 | 中 | 中 | 中 |
| 搜索流量 | 中 | 大 | 中 | 高 |
| 自然流量 | 中 | 中 | 中 | 低 |

小红书SEO就是专门用来承接小红书搜索流量的运营行为。基于小红书用户的搜索习惯和搜索流量占比，也验证了前面提到的小红书如今是很多女生的"百度"。而搜索时代最为有效的运营就是关键词SEO，针对小红书的流量运营也是基于关键词SEO来展开的。实际上，经历过贴吧、百度、微博、抖音、微信公众号时代的一群对流量最敏感

的人正在纷纷涌向小红书。

那小红书 SEO 该如何做呢？答案是埋（即植入）关键词。

在前面需求图谱的研究章节里提到过要完整、穷尽地梳理对应目标人群的需求，以及这些需求下可能被搜索的关键词，将这些关键词适当地埋进笔记标题、正文、封面、标签、评论等，使得算法更好地认识笔记，从而实现在用户搜索对应关键词的时候，我们的笔记更多地出现在搜索结果里，且排名更靠前。

埋关键词的主要方式有：

标题中埋关键词：采用大关键词+小关键词的组合模式，一般不超过 20 个字。

正文中埋关键词：在笔记的开头、中间和结尾评论处，适当地提及核心关键词。

比如，在马尔代夫对应的需求里，选岛、选酒店是核心需求，那么你的笔记中就可以高频地植入"马尔代夫选岛"。

标签中埋关键词：其实标签本身就是一种 SEO，就是为了方便告诉系统这篇笔记的内容，给内容打标签的过程可被称为内容的结构化。一篇千字内容被结构化、标签化以后，系统就能进行更好的识别和推荐。

图片中埋关键词：在笔记的封面和内页图片中植入关键词。

这些都是植入关键词，使得一篇笔记对目标搜索关键词具有更好的匹配度和相关性的方式方法。整体的笔记内容围绕关键词展开，适当地重复使用关键词。需要提醒注意的是，关键词的出现次数要结合笔记的篇幅进行调整，一篇 200~300 字的笔记，关键词重复出现 3~5 次比较合适，需要合理规划关键词的密度，不可以堆叠关键词。

其实 SEO 的运营思维不只在小红书上有应用，微信公众号、知乎的运营者在写公众号和知乎文章的时候就有布局 SEO 的意识。早期厉害的电商运营者都有一个相似的经历，那就是在电商详情页中放入关键词，但是将关键词的颜色全部设计成和图片一样的颜色，即写上这个字，但不让用户看见，聪明的你是否发现这些字是写给算法看的而不是写给用户看的呢？其目的就是提升关键词的搜索相关性。

总之有流量的地方就有搜索，有搜索的地方就有 SEO。

从流量属性上来说，即便是小红书上的爆款流量，也有渐渐下降直至没有的一天，但搜索流量可以持续且具有长尾效应，因为用户的需求在，搜索行为是稳定且持续的。

试想在任何一个领域，一篇笔记铺设 1~5 个关键词，一天 10 篇笔记，月度完成 300 篇笔记，即一个月可覆盖 300~1500 个对应领域的关键词。如果你在小红书上把某个领域的关键词都写完，在很多关键词搜索结果页里你的笔记都能出现，那你还愁没有流量吗？

在关键词的选取上，还需要区分主关键词和细分关键词。主关键词很好理解，就是被高频搜索的关键词，流量最大、搜得最多，但是对应关键词的笔记也很多。这一类关键词当然要布局，但是因为主关键词下的笔记数量很多，竞争太激烈，反而更不容易获得流量。这里有一个有关"需供比"的概念，我们在后面会具体介绍。

除了主关键词，我还建议你多关注对应领域的细分关键词。搜索越是细分的关键词，搜索结果排序变动就越小，这体现在某个关键词下你的笔记排名几乎长期不变。细分关键词搜的人是很少，但别忘了小红书的用户体量过亿，任何一个需求如果以亿为单位，都不是小需求，所以不妨去寻找小红书上那些低频的细分关键词。

## 4.2.2 权重：影响排序的重要因子

笔记中有对应的关键词可以保证笔记出现在搜索结果里，但是如何提升笔记的排名呢？

笔记的排名结果由权重分决定，具体来看有账号权重和笔记权重，即排名结果＝权重分＝账号权重＋笔记权重。

### 账号权重

影响账号权重的 7 个维度介绍如下：

❶ 原创率：笔记的图片文章是否原创，系统会做判断。

❷ 垂直度：是否垂直在某一领域深耕，而不是今天发 A 明天发 B，内容分散。

创作者和用户在系统内都有"标签"，标签越明确越好推荐。如果账号内容不垂直，会导致笔记匹配的人群较为混乱，产生的有效互动较少，被持续推荐的可能性也就较小。

比如，你是做探店的，就不要今天发美食，明天发摄影，这样账号垂直、专业的可信度就会被打折扣，系统也不好定位你的账号归属于什么标签。

❸ 内容质量：已有的笔记互动数据怎么样，互动少意味着内容差，不值得推荐。

❹ 账号活跃度：主要体现在笔记的发布频次、登录浏览、点赞、评论、收藏等数据上，活跃度太高和太低都不行，尤其不能长期无登录使用行为。

❺ 账号等级：小红书账号等级是指官方给出的一个等级，小红书账号按照官方公布有如表 4-3 所示的 10 个等级，每个等级在满

足一定的行为指标后即可升级到下一等级,最高等级为金冠薯。

表 4-3 小红书账号等级

| 等级 | 称号 | 晋级要求 |
| --- | --- | --- |
| 1 | 尿布薯 | 点赞、收藏、评论各 1 次,并发布 1 篇有效笔记 |
| 2 | 奶瓶薯 | 发布 1 篇笔记获得 5 个收藏或 10 个赞,累计发布 1 篇话题笔记 |
| 3 | 困困薯 | 发布 1 篇笔记获得 5 个收藏或 10 个赞,累计发布 3 篇话题笔记 |
| 4 | 泡泡薯 | 发布 1 篇笔记获得 5 个收藏或 10 个赞,累计发布 5 篇话题笔记 |
| 5 | 甜筒薯 | 累计发布 12 篇笔记均获得 10 个收藏或 50 个赞,其中 5 篇为参加话题活动的视频笔记 |
| 6 | 小马薯 | 累计发布 50 篇笔记均获得 10 个收藏或 50 个赞,其中 5 篇为参加话题活动的视频笔记 |
| 7 | 文化薯 | 累计发布 9 篇参加话题活动的视频笔记均获得 10 个收藏或 50 个赞,或累计发布 100 篇笔记均获得 10 个收藏或 50 个赞 |
| 8 | 铜冠薯 | 累计发布 12 篇参加话题活动的视频笔记均获得 10 个收藏或 50 个赞,或累计发布 300 篇笔记均获得 10 个收藏或 50 个赞 |
| 9 | 银冠薯 | 累计发布 15 篇参加话题活动的视频笔记均获得 10 个收藏或 50 个赞,或累计发布 500 篇笔记均获得 10 个收藏或 50 个赞 |
| 10 | 金冠薯 | 累计发布 18 篇参加话题活动的视频笔记均获得 10 个收藏或 50 个赞,或累计发布 800 篇笔记均获得 10 个收藏或 50 个赞 |

❻ 品牌达人:小红书品牌合作人,大部分账号不涉及。

❼ 签约 MCN:报备给小红书的 MCN 签约账号,普通账号不涉及。

如果你的账号是新号或者规模起号，一般只关注前面 5 个可以努力的部分即可。

### 笔记权重

影响笔记权重的 7 个维度介绍如下：

❶ 原创率：和前面提到的一样，笔记内容尽可能原创，不要直接搬运和采集他人内容。

❷ 互动转化：推荐到基础流量池的互动转化，一般的转化效果排序为转发＞评论＞收藏＞点赞，费力度不同对应的内容价值不同。

❸ 内容长度：600 字算及格，内容太少笔记价值不完整。

❹ 相关度：即该笔记与对应关键词的匹配度。

❺ 标签：位置标签，比如旅行笔记的位置、名称，可以方便系统识别。

❻ 话题：等同于关键词。

❼ 违禁词：不止内容也包含评论区，不可以出现违禁词。

由账号权重和笔记权重共同构建起的权重得分决定了笔记出现在对应搜索结果中的位置，权重除了影响搜索流量，也会影响推荐流量。

## 4.2.3 投流：放大值得放大的流量

除了以上免费提升笔记流量的方式，小红书还给热门笔记提供了两种不同的投流方式，即薯条和聚光。

从内容创作者的角度来说，这就是官方提供的正规刷量渠道。从小红书平台商业化的角度，你可以简单地将其理解为小红书站内的流量也需要卖掉。

### 什么是薯条

薯条是小红书官方提供的一个可以帮助笔记增加流量的工具，和抖音的 dou+ 功能相似，等于花钱买曝光，薯条可以有效提升笔记的阅读量、赞藏量、粉丝量。

通常想要有针对性地提升笔记的某一项指标的时候，可以借用薯条来放大流量，比如一篇 100 个赞的笔记与一篇 500 个赞的笔记，用户显然更愿意点开 500 个赞的笔记，所以点赞数据越高，用户产生点击的兴趣和欲望越强。可通过投放薯条，变相提高爆款内容的点赞数据，进而提高爆款内容的点击率。

需要注意的是，薯条的投放需要经过审核，需要满足粉丝量不低于 500、近 28 天发布笔记数量不低于 2 篇。一般营销类笔记、违规笔记都无法通过审核。

薯条的投放目标有如下 3 种模式。

❶ 点赞收藏量模式，重点提升点赞、收藏数据，满足增加笔记用户互动行为的需求。

❷ 笔记阅读量模式，重点提升阅读量数据，满足笔记被更多点击阅读的需求。

❸ 粉丝关注量模式，重点提升粉丝关注量数据，满足账号的涨粉需求。

需要注意的是，每笔订单仅支持选择一个目标，如果想多维度提升笔记阅读＋互动＋关注，建议多种模式配合交替投放。

### 薯条人群定向方式有哪些

薯条目前有两种投放方式可触达潜在目标群体：一是智能优选定向，系统会根据个性化推荐将笔记推荐给感兴趣的用户；二是自定义定向，可以选择具体的性别、年龄、地域、兴趣标签等定向目标，之后系统会将笔记推荐给所选定范围内的目标用户。

对于优质笔记，在完成自然流量以后，适当用薯条将笔记的热度延续下去，是一个不错的放大流量的方法。

### 什么是聚光

针对企业号的商业化诉求，小红书还提供了聚光平台。聚光平台是小红书营销全新上线的一站式广告投放平台（如图 4-3 所示），和抖音的巨量、腾讯的广点通等广告平台一样，能够满足广告主以"产品种草、抢占赛道、客资收集、商品推广、直播推广"为目标的多样化营销诉求，主要针对商业笔记。

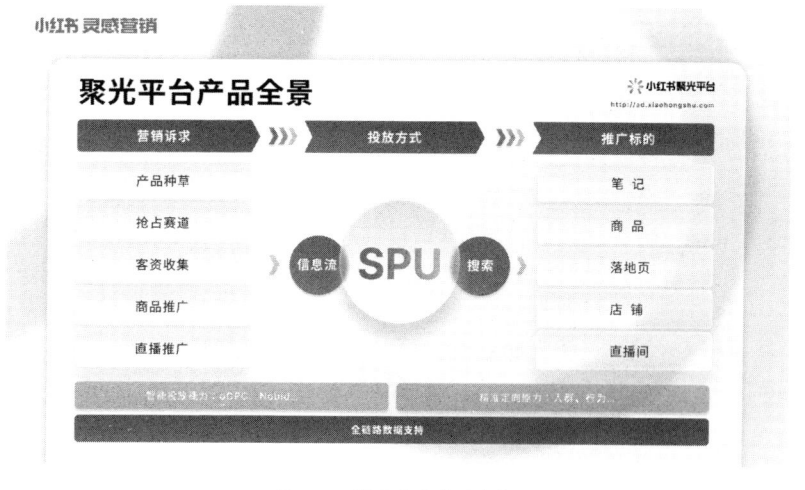

图 4-3 聚光平台产品介绍

按照官方的解释，对比薯条，聚光有以下营销优点。

### 1. 一站式解决方案，覆盖多种营销场景

聚光平台深度适配广告主在小红书上的生意模式，支持"产品种草、

抢占赛道、客资收集、商品推广、直播推广"等多种营销场景，一站式满足广告主在小红书上的多种营销诉求。

### 2. 搜索&浏览场景打通，深度影响消费决策

聚光平台依托于小红书的独特生态环境，提供浏览+搜索的产品双引擎。通过"信息流产品种草—搜索产品收割"的独特模式，帮助广告主的品牌/产品快速提升口碑，深度影响消费者决策。

### 3. 智能投放能力，科学提升营销效率

聚光平台提供信息流和搜索产品的多种智能投放能力，系统化地实现营销效果优化，自动化地减轻日常操作负担，帮助广告主提升经营的效率和效果，有效降低营销成本。

### 4. 全链路数据支持，助力商家营销决策

聚光平台依托于小红书的数据技术，提供营销场景下的数据洞察与分析能力。结合DMP能力，打造精细化人群营销，满足人群挖掘、洞察、圈选、投放等全流程需求，实现科学度量与有效归因。

### 5. 健康生态环境，实现良性循环发展

聚光平台不只关注广告主的单次流量价值，更注重引导广告主在小红书社区环境中实现长效经营，实现广告和自然流量间的互相助力，帮助品牌在小红书上获取经营复利，长期、健康、稳定地发展。

整个聚光投放的过程大概经历广告投放准备（专业号认证、广告资质认证、聚光平台登录与账户充值）、新建广告（推广计划、推广单元、推广创意）两个阶段（如图4-4所示）。

开通聚光以后对运营者来说意味着实实在在的花钱行为，这不仅对笔记质量本身有要求，还对投流方式、投流策略提出了很高的要求，因为一个推广计划没有做好就会带来实际的金钱损失，可能花掉不少的广

告预算，却没有带来预期的效果。

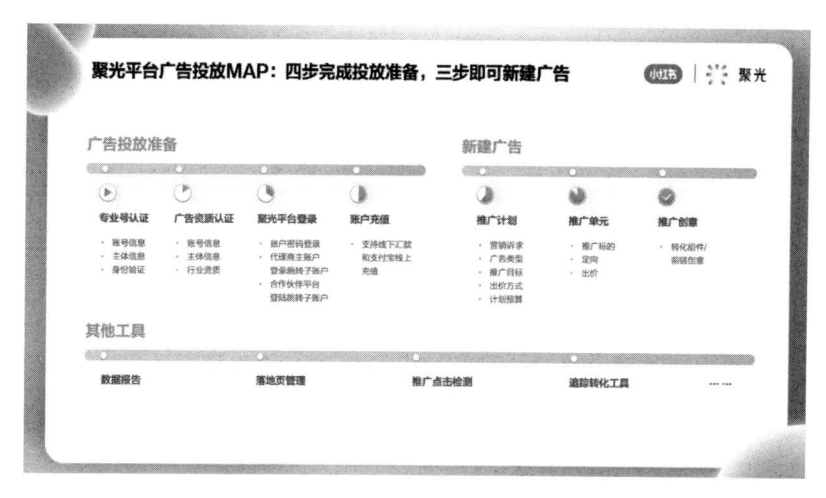

图 4-4 聚光平台使用步骤

在实际投放中，新建一条广告推广计划，一般要经历挑选笔记、投放测试、投放优化、投放放量 4 个阶段。

1. 挑选笔记

挑选笔记是选择已经在自然流量阶段跑出不错效果的笔记，如赞藏、评论和转粉数据都超出平均水平。如果评论数不够，要适当地增加几条引导氛围的评论。

2. 投放测试

笔记挑选完成后，可以开始以较小的预算测试投放效果，比如单日最高 500 元预算，摸清笔记在某个投放效果下的转化效果和 ROI（成本与收益衡量），测试周期一般为 2~4 天。

3. 投放优化

根据投放测试期的数据效果，优化笔记。

对于点击率（点击量/曝光量）偏低的笔记，及时调整首图、标题、人群定向等来提高点击率。

对于点击率正常，但是消耗过慢的笔记，需要提高出价。

对于点击率高，但有效互动数据差的笔记，需要检查笔记的标题内容相关度、配图精美程度、内容价值等。

这个阶段的优化目的是让笔记更加"极致"，即将笔记各方面都优化到一个较好的水平，然后在下一阶段继续放大流量。

4. 投放放量

如果笔记经过投放测试和投放优化，观察2~3天的点击、互动、私信情况都能接受，且ROI较高，就可以考虑加大预算跑量、放大了。

这套方法沿用了小范围测试、持续优化的做事思维，相对来说浪费较少、效率较高。

**薯条和聚光的相同与不同**

虽然薯条和聚光都能放大流量，但是它们在使用上却有着很多的不同，对于用薯条加热的个人笔记，是不显示广告标签的，而聚光平台营销推广的笔记会在右下角打"赞助"标签，对应的信息流广告会出现在发现页瀑布流从6起顺位+10的位置，并依次递增，因此通过薯条推广的笔记本身内容不能体现过多营销属性，仍旧是以干货文为主，而开通聚光平台的企业号则不受这一限制。

薯条和聚光分别有着各自的使用场景，在投放模式、推广目标、人群定向、投放数据上都存在较大的不同。比如，薯条可以针对个人号和企业号，但聚光更多针对的是认证的专业号，你可以通过表4-4看到详细的对比。但薯条和聚光的使用原则又都很相似，即投流只"放大值得放大的流量"。

表 4-4 聚光与薯条的不同

| 流量类型 | 薯条 | 聚光 |
| --- | --- | --- |
| 适用账号 | 个人号、企业号 | 专业号 |
| 投放模式 | 订单模式、按曝光量付费、不可设置出价 | 成本扣费模式、按点击量收费、灵活设置出价 |
| 推广目标 | 笔记阅读、点赞收藏、粉丝关注 | 笔记阅读、商品访问、点赞收藏、落地访问、商品成单、商品访客、私信咨询量、表单提交量 |
| 人群定向 | 性别年龄地域定向<br>智能优选定向 | 信息流广告——高级定向<br>搜索广告——关键词定向 |
| 投放数据 | 曝光量、互动量、粉丝关注量 | 商品销量、销售线索、私信营销、关键词指标 |
| 呈现样式 | 笔记 | 赞助 |

### 什么是"值得放大的笔记"

在付费流量上,我的观点是如果能够算出成本收益,就可以毫不犹豫地去投,成本收益算不出来的则需要谨慎地去投,付费仍然是获取流量的手段,付费的本质是放大流量,但是放大的前提是值得放大。那什么是"值得放大的笔记"?

"值得放大的笔记"就是笔记的自然流量效果已经很好,互动数据反馈都很不错,但是自然流量总会有衰减和下降,此时用商业流量加以放大,会把笔记推入更大的流量池。付费是让本来就好的笔记变得更好,而不是试图花钱让差的笔记尽量变得好。付费是锦上添花,不是雪中送炭。

2023 年,因为小红书对私信引流的管控加强,不少个人号被迫升级为专业号,然后开通聚光,因为只有这样,才可以减少平台对账号私信引流的限制。可以说,无论是否愿意和接受,聚光都让内容创作者多了一个不得不使用的场景。

## 4.3 互动是小红书的流量开关

做好笔记的选题和内容并不一定就有流量,任何内容再好的笔记都是由初始流量池一步步进入更大的流量池的,要想一篇笔记获得源源不断的流量,还需要打开小红书的流量开关。

### 4.3.1 什么是互动指数

小红书笔记的内容创作者都很关注点赞、收藏等数据,其实这些数据对应到笔记运营的视角就是一篇笔记的互动指数。互动指数很好地衡量了笔记带给阅读者的实际价值,因为笔记的内容好,自然体现在用户的互动行为上,所以运营小红书其实也是一个价值交换的过程,你写笔记的时候努力给用户提供价值,用户也会给你点赞、收藏的互动反馈。

**常见的互动行为有哪些**

常见的互动行为有点赞、收藏、评论、转发、关注、私信等。

**什么是互动指数**

互动指数是一篇笔记可以带来的互动行为得分。这里需要引入一个 CES 评分的概念来帮助我们分清不同互动行为体现的笔记价值。CES 评分 = 点赞数 ×1 分 + 收藏数 ×1 分 + 评论数 ×4 分 + 转发数 ×4 分 + 关注数 ×8 分。

从这个公式可以看到,评论、转发、关注的价值远大于点赞和收藏。我在实际运营中发现,有些点赞、收藏数据好的笔记有时候并没有获得关注或评论,所以即便是爆款,我们也要拆开来看是哪种类型的爆款。并不是所有的爆款都有高价值,一条真正有意义的爆款应该拥有很多结合你变现目的的互动行为。

如果你希望触发点赞、收藏、评论等互动行为,可以在正文或评论中采用利益点+行动指令的方式。

比如：

关注我，然后打"1"，发清单资料给你呀！

说出你想要的酒店名称，我给你报价哦！

觉得不错就收藏一下吧，方便想找的时候用得上！

我写的是一套完整系列，可以进我的主页查看更多哦！

我会在群内分享操作细节，可以进我粉丝群呀！

关注我哦，悄悄话哦！

详细完整的教程已经给大家准备好了，可以评论告诉我，私发！

如果希望触发交易类的主动问价，可以在正文或评论中采用价格+套餐亮点+行动指令的方式。

比如：

宝子们，这个冬天长白山和延吉一定要一起玩呀，先去万达滑雪、泡温泉，再去北坡漂流、坐雪地摩托、雪岭驯鹿，最后再前往延吉逛吃逛吃，6天行程带你玩转长白山、延吉。

2023年雪季优惠套餐来喽，亲爱的宝子们，长白山 \*\*\* 度假酒店雪季预售，人均649元入住2晚豪华山景房，套餐内容也贼丰富，包含滑雪、早餐、接送机、西景区定点巴士，还有超萌的梅花鹿与你亲密互动。这么划算，还不冲，等着涨价吗？

对于有变现目的的笔记来说，上面两种都是高价值的互动行为。

## 4.3.2 笔记没有互动，流量就不会流动

为什么互动对一篇笔记非常重要呢？我们可以从一篇笔记发出以后

在小红书内的流动过程来看互动对笔记流量的重要性。

如图 4-5 所示，我们在小红书内发出的每一篇笔记大概都经历了这样的过程。

❶ 审核打标。

❷ 推送给对应人群（基础流量池，可能是 200 人）。

❸ 基础流量池人群对笔记"投票"（转发、评论、点赞、收藏），帮助系统打分。

❹ 得分较高的笔记进入新流量池（可能是 2000 人）。

❺ 新流量池的用户继续打分，分数达标后继续扩大推荐到新的流量池，也就是把笔记推给更多的人。

❻ 以此类推，每次分数达到对应流量池的门槛，就会把笔记推给更多的人，直到新用户给你打的分不达标为止，才会停止推荐。

通过这个过程可以发现前 200 个精准用户的互动反馈非常重要，如果笔记拿不到初始人群的互动反馈，笔记就无法在系统内流动到下一个流量池，即使笔记内容很好，但流量在这里就断掉了。

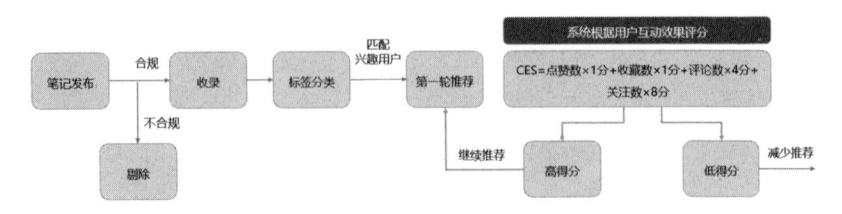

图 4-5 小红书流量分发逻辑

如何触发用户点赞、收藏、评论、转发、关注、私信等互动行为呢？

点赞、收藏、评论、转发、关注、私信等是行为的结果，我们不妨先拆解一下这些互动行为背后的触发要素。

- 用户点赞这篇笔记，说明笔记内容获得用户认可、引起情绪共鸣。

- 用户收藏这篇笔记，说明笔记内容有实用价值，现在或未来可以用上。

- 用户评论这篇笔记，说明笔记内容触发了用户的需求，或用户有具体问题需要解决，所以才会评论。

- 用户因为笔记转粉，说明用户不仅认可你的笔记，还认可你本人，期待你未来产出更多的优质内容。

- 用户因为笔记发私信，说明你可以帮助他解决某个实际问题。

回到算法视角，小红书其实无法判断一篇笔记内容质量的好与坏，只能根据这些提炼出来的互动指数去判断笔记带给用户的价值，互动指数高的说明笔记内容价值高，所以更值得被推荐，小红书算法也是遵循"帮助值得帮助的，放大值得放大的"的原则。

虽然都是互动行为，但是点赞、收藏、评论、转发、关注、私信对用户来说成本并不一样，点赞、收藏最容易，所以点赞、收藏类的笔记很多，但是对应的价值也最弱。一篇笔记越能触发用户更高的互动成本，笔记的价值自然就越高。基于互动成本体现内容价值的原则，还需要引导用户深度互动。

### 什么是深度互动

比如通过笔记带来的关注，通过笔记带来的长时间停留，通过笔记带来的转发，通过笔记带来的多次讨论等，都是深度互动，因为这些行为更能体现笔记的价值。试想一个陌生用户看完笔记后决定关注你，那么一定是他觉得你的笔记很有用。站在平台的角度来看，这些笔记帮助平台留住了用户，增加了用户使用小红书App的时间，当然就更值得推荐。

所以一旦笔记能触发更高互动指数的互动行为，笔记的流量就会不断放大，进入更大的流量池，从而实现笔记不断得到互动流量的加持，笔记在系统内持续流动。

我们假设一篇笔记可以不断拿到互动反馈，则理论上它是可以不断地在系统内保持流动的，即笔记的流量可以做到无限大，但实际中很少看到笔记流量超过 1000 万的，在我们目前有限的运营经历里，数据最好的笔记流量超过了 500 万。那么一篇笔记从刚开始发出到获得百万级流量，大概会经历几个层级的流量池呢？

1 级流量层级：笔记浏览量 0~200

只要笔记不涉及违规，不管内容质量如何，基本上都能获得 200 左右的阅读量，如果多篇笔记阅读量维持在 200，则会继续进入下一流量池。

2 级流量层级：笔记浏览量 200~500

这属于正常流量，大多数的账号都能达到 2 级流量层级，从 1 级到 2 级，需要账号在活跃度、垂直度、原创度及内容质量上做出改变。

3 级流量层级：笔记浏览量 500~2000

笔记的流量比较不错，商业笔记的平均流量基本上都会达到这个水平，但是互动率/点击率相比大盘平均数据略低，所以只能进到 3 级流量层级，无法到达下一层级，基本到达这一层级已经超越 80% 的小红书账号了。

4 级流量层级：笔记浏览量 2000~2 万

除了在活跃度、垂直度、原创度及内容质量上不错，笔记的互动数据也超越平均水平，具有小爆款的潜质，互动数据会持续爬升。如果这时用户互动反馈行为仍在增加，平台会继续给流量。

5 级流量层级：笔记浏览量 2 万~10 万

5 级流量池是自然流量的最后一关，依然是用户互动数据决定是否进入下一层级，达到这一层级的笔记已经算是比较出众的笔记，有一定粉丝基数及权重比较好的账号才会到达这一层级。

6 级流量层级：笔记浏览量 10 万 ~100 万

此时笔记已经进入热门笔记门槛，达到这一层级的笔记说明内容具备一定的稀缺性，用户互动数据比较好，也是从这一层级开始，算法会测试账号的基础数据，比如主页打开率、关注率、回搜率，很多依靠标题党/封面党获得高点击率的笔记，会在这一层级被停止推荐。

7 级流量层级：笔记浏览量 100 万 ~500 万

笔记进入这一层级就说明已经成为爆文，不管是用户互动数据还是账号的基础数据，都有不错的表现，从这一层级开始就有人工干预了，比如：账号定位是否符合规范？价值观是否符合社区要求？加权推荐后是否存在舆情风险？是否存在版权风险？用户观感是否流畅？如果潜在风险都能排除掉，就会获得加权推荐，笔记曝光数据也会获得百万级增长。

8 级流量层级：笔记浏览量 500 万以上

到达这一层级的笔记是难得一见的大流量爆文，用户互动数据和账号的基础数据表现都非常出色，远高于平台平均数据，且获得了平台的加权推荐，算是平台的现象级热推。这一层级的笔记内容一般以热点新闻/时事之类的居多，普通账号达到这个层级非常难。

从图 4-6 可以看出，从 1 级到 8 级，流量逐渐增加。通过逐级的流量池也可以看出，笔记没有互动流量就不会流动。

基于"没有互动就不会流动"的观点，本书也提供一个参与互动的方法。现在你可以将阅读本书相关的收获和感受分享到小红书上，并将笔记链接分享到本书配套的共读群中，即可领取本书配套的读书 PPT 和"小红书流量运营地图"。

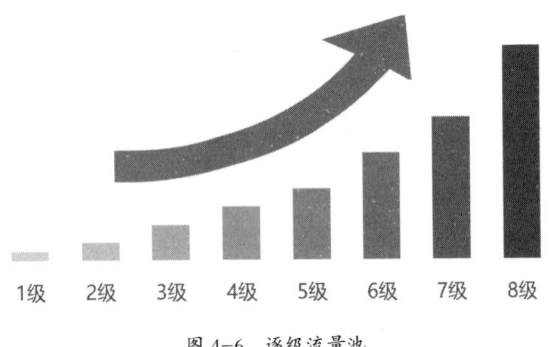

图 4-6 逐级流量池

## 4.4 小红书的引流与限流

引流是很多人做小红书的首要目的，对于很多新手新号来说，小红书的反馈很快，完全可以实现从第一篇笔记开始引流到私域并直接变现交易。本节将会给出在小红书上引流的一些方法，但需要注意的是，随着小红书商业闭环的不断完善，所有的引流动作都有一定的风险。我们只能在清楚官方如何判断引流的前提下尽量规避风险，但没有一种引流技巧是永远安全的，你仍然需要结合自己的业务更长期地思考如何在小红书上健康长久地做生意。

### 4.4.1 哪些行为容易被判引流

小红书如何判断账号的引流行为呢？

常见的方法有 3 种，现有的引流技巧和规避路径也是基于这些方法展开的，但是实际上小红书一定有更多的方法来监测引流行为，只是需要平衡成本和收益，因为在小红书体系内发生的一切事情，你发布的每一个文字、图片、对话、表情其实官方都看得见，只是小红书平台在某些品类的某些时期选择性地监测和处理。

### 1. 网络行为分析

小红书平台可以通过分析用户的网络行为和网络环境，判断用户是否存在私域引流的行为。

比如，在同一个 Wi-Fi 下，连了 5 个以上的小红书账号，就可能被系统怀疑，这也是很多团队化运营需要注意的问题，尽量使用手机流量，且注册账号、发布笔记的时间和地址不要太集中。

比如，同一部手机登录了两个或两个以上小红书账号，且有多次的来回登录行为，显然一个正常用户不会这样做，那么后台会对相关账号的行为多加监测。

比如，同一条评论信息、同一张图片或同一条文字信息，在很短的时间内重复发布，系统会监测到这样的异常行为，增加人工处理判断流程，所以我们的引流方法中相同文本信息不可以使用 3 次以上。

比如，某个账号组建了很多相似群名的群聊，群内相同账号发布相同内容，这也是异常行为，但是总体来看，目前对群聊的限制相对较少。

上面的异常行为一旦被发现，小红书就会重点留意你的使用行为，稍不注意，账号就会被限流封禁、关进"小黑屋"（账号限流或禁言）。

### 2. 文字、图片识别技术

你有没有发现，有时候你发给用户的信息，用户并没有收到，这是为什么呢？因为系统会在你和用户之间增加一道识别检查，一旦检测到包含微信等私域联系方式的可疑信息，就会拦截，甚至对你发出提示。

比如，私聊中直接发微信号、邮箱、公众号、网址链接、二维码、数字等；比如，个人简介上留微信号、数字、电话联系方式等，在今天小红书监测手段十分完善且限流已经非常严重的情况下，千万不要抱着侥幸的心理来尝试以上这些高危行为。

**3. 用户举报机制**

不得不说，小红书作为亿级用户体量的内容平台，实时监测每个用户的每个行为的成本是高昂的，有时候引流行为被发现不是因为被小红书官方监测到，而是被用户举报，平台收到举报后会对举报信息进行核实并采取相应措施。

最好的规避方法就是无限接近一个正常用户的使用习惯，在我们最新操作矩阵号的方法中，为了避免账号封禁和限制，已经开始这样操作，这也意味着小红书的运营难度和投入成本越来越高。

### 4.4.2 如何避免账号被限流

如果小红书判断账号有违规行为，就会对笔记或账号进行不同程度的限流，如何判断自己的笔记被限流了呢？

**笔记被限流的判断**

如果你的笔记显示在审核中，分享给其他人的时候笔记无法显示，就有可能是被限流了。这时应该检查笔记内容中是否出现违规词或者有什么违规行为，尽快编辑修改笔记。

一般出现以下情况，大概率笔记已被系统限流：

- 阅读量相比以前突然下滑很多，不管发什么曝光量都上不去；

- 搜索自己的小红书账号，搜索结果里没有自己的笔记；

- 给其他博主点赞、评论，对方收不到提示；

- 搜索自己的昵称，找不到自己的账号；

- 为笔记投放薯条时，提示违规不通过。

### 笔记被限流的情况分类

尽管都是限流，但情况也会有所区分，不同的限流情况分类对笔记的影响和处理方式也不一样。具体来说分为以下这些。

#### 1. 单篇笔记被限流

单篇笔记违规，导致单篇笔记流量被限制，对账号无影响。

#### 2. 账号整体被限流

多篇笔记违规严重（如发布了多篇"硬广"笔记或者存在不合规的引流情况），整个账号限流甚至被封号。

#### 3. 其他处罚

禁言：私信里出现微信号或者价格等敏感词，以及和陌生人打招呼过多，容易触发禁言。

封设备：设备频繁切换多个账号，或者发大量的营销、"硬广"笔记，容易导致封设备。设备被封后该设备上登录过的所有账号都会被封号处理。

封账号：我们曾经遇到过小红书在毫无提醒的情况，直接封禁账号。

### 笔记被限流的处罚

笔记被限流一般会分为 3 个阶段：第一次警告，第二次账号限流加上禁言 7 天，第三次账号限流加上禁言 30 天。2023 年，小红书加强了对个人号引流的限制，整个平台的风向都转向企业号和聚光平台，所以运营思路上也要紧跟平台，不要和平台对抗，尽快开通企业号和聚光平台。

账号被限流和禁言容易打乱账号运营的正常节奏，尤其是 2023 年小红书加强了商业化和平台监测，很多账号运营者反馈经常遭遇限流等处罚，损失严重。作为运营者，需要规避高危运营行为，尽量不要引发平台的注意和监测。

以下是需要注意的避免账号被限流和禁言的运营行为。

### 1. 一机一号

即一部手机、一个手机号对应一个小红书账号，避免使用同一设备登录多个账号，不要有一个手机号来回切换的登录行为。

### 2. 适度推广

以内容的形式结合营销目的适度推广，不要给平台和用户留下你的笔记是毫无质感的广告的印象，这会引起用户投诉和平台反感。营销的前提是给平台和用户提供价值。

### 3. 不刷量

不要使用刷赞、刷评论、刷关注等行为，这会使账号的运营数据异常。对于这些行为，小红书都可以监测和记录，情节严重就会使账号被限流和封禁。如果确实有诉求，可以采用薯条投放这一正规渠道。

### 4. 控制私信量

即刻下单的流量团队就经历过运营策略的调整，"从越来越多的流量到越来越少的流量"，因为私信量太多容易触发系统的注意，那么需要尽量减少无价值的私信。

### 5. 引流方式迭代更新

任何一种引流方式都不可以长期重复使用，应同时采用小红书直播、店铺、企业号等组合方式合理引流。

### 6. 友好互动

与用户保持友好互动，不要和用户起争执，避免账号被投诉和举报，目前小红书对举报者更友好。

### 7. 不用 Wi-Fi

避免使用公共 Wi-Fi，尽量使用手机流量，不要集中在某个时间某个位置集中发布笔记，降低被判异常的风险。

### 8. 不用敏感词汇

违反《广告法》的敏感词如下：

- 顶级绝对化用语：最、第一、唯一等。

- 虚假广告敏感词：宣传医疗/疾病治疗功能/保健疗效。

- 营销敏感词："剁手"、推荐、回购、购买、下单、价格、多少钱、买的、购买、代购、赚钱、兼职、各种降价、活动福利、折扣等。

- 引流敏感词：微信号、手机号、链接、淘宝、天猫、京东、苏宁易购、App 名称。

- 诱导行为敏感词：点赞、收藏、关注、评论、转发、私信等。

除了以上这些，还需要注意不要有以下官方明确禁止的高危行为：

- 虚假广告：夸大产品功效，例如一秒淡斑、快速瘦身、超强美白等。

- 恶意营销：在没有依据的情况下，表述中言辞过于激烈，恶意中伤某个品牌，诋毁产品，损害品牌形象。

- 发布谣言：笔记中如果发布不实信息，传播错误信息，也会被限流。

- 传播淫秽、低俗、有害信息：穿着暴露、带有性暗示的内容会被系统判定为淫秽低俗信息，而涉毒、发布不正当政治言论、宣传暴力、血腥等内容也会被限流，这些内容相对来说比较容易辨别。

- 不当引流：如果在头像、昵称、个性签名、私信、评论中留下了微信号、手机号或者淘宝店铺名称及二维码、水印等信息，也会被限流。
- 推广笔记违规：绕过官方平台，发布"软广"且不报备等明显违反小红书政策的行为。
- 发布非原创内容：笔记中未经授权使用他人原创图文、照片和视频，是违反社区规范的行为，也会被限流。

值得一提的是，如果账号没有因为过度营销、虚假宣传被关进"小黑屋"，只是单篇笔记被限流的话，修改后重新发布就可以，一般影响不太大。

### 4.4.3　小红书引流的 7 个方法

引流是和目标用户建立连接的过程，前面曾提到小红书是匹配供需的连接器，连接之前的一切运营都是围绕目的的手段。如图 4-7 所示，在小红书上建立连接的核心是要给用户足够充分的添加你的联系方式的理由，再加上合适的添加方式。我们讨论的引流其实是围绕添加方式的各种变化。

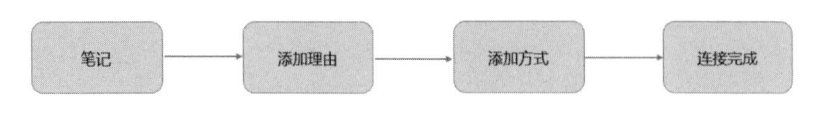

笔记 → 添加理由 → 添加方式 → 连接完成

图 4-7　引流步骤

**1. 笔记置顶**

笔记置顶是专门写一篇笔记用来承接其他笔记的流量，这篇笔记甚至不用带上标签，即这篇笔记不用有自然流量，笔记内容可以是自我介绍、服务内容及微信号，充当的是承接落地页的作用，当有用户发私信的时候把这篇笔记分享给他即可。

尤其是当账号下有很多爆款笔记的时候，这些流量一定不能浪费，引导进主页或引导进主页的置顶笔记触发添加微信的动作，只要是爆款就需要把流量效果"打满"，实现连接即交易，让流量和成交同时发生。操作上可以将微信号植入图文/视频类笔记，然后置顶，引导用户进这篇笔记查看。

优势：笔记可转发至私聊会话，使用场景可以更频繁且笔记能传递更多的文字信息。

劣势：易被举报。

### 2. 个人简介@小号

笔记引流和给出微信号可以分开来操作，即大号@小号的方式，用大号吸引流量，但把引流等危险动作交给小号来操作，实现风险隔离。

具体的做法可以是：小号在大号笔记下面评论，或者帮助大号回复，为了让用户相信小号和大号是一起的，大号可以在笔记中适当提及小号。

### 3. 瞬间或合集

如图4-8所示，在账号的瞬间和合集里隐晦地写上微信的添加方法，或者合集的名称即微信号，或者合集组合起来的名称就是微信号，但是目前瞬间的审核较为严格，需要用各种巧妙的方法将微信号植入大量的文字中或嵌入风景视频介绍中，用户找起来也比较麻烦。

创建合集需要先认证为视频号，你可以在创作中心点击创建合集完成合集的创建。

图 4-8 瞬间引流

优势：合集名称中可以直接显示微信号，通过合集介绍传递其他信息，合集能被转发至会话。

劣势：非常容易被系统检查出违规，可能出现今天正常，明天就触发违规的情况。

### 4. 手写图片

手写图片的方式增加了小红书监测的难度，因为系统是通过扫描对话框中的图片来判断某个行为是否在引流，如果可以通过非标准的表达方式，让用户能够理解但是系统难以理解，就可以很好地绕过监测，不过你需要不断地变换图片，相同图片出现多次也容易触发系统的关注和检测。

### 5. 创建粉丝群

2023 年，整个小红书平台的监测和管控相比以前更加严格了，当咨询量大的时候私信量容易受到限制，这个时候可以用群来承接咨询，然后在群里把用户引流到微信上，一个账号可以创建 5 个粉丝群，设置成主页展示，粉丝点击进入主页就可以看到。如果没有粉丝群，可以让有粉丝群的账号帮忙建，然后把你拉进去，创建人再退出来，你就会自动变成群主。

具体的操作方法为：点开小红书，找到"消息"一栏，然后点击右上角的"发现群聊"，选择"创建群聊"。需要注意的是，群名字跟你的产品要高度相关，而且要让别人知道群内大概有什么，提供进群之前的预期和回报。比如，我要引流学习小红书的人群，群名称就可设为"小红书学习交流分享"等。如果你提供了学习资料，群名称就可设为"小红书资料领取"。如果是直接提供服务，群名称就可设为"酒店咨询+lvxing001"。

群聊是目前用得较多的一类方法，操作中需要注意的是"个人主页展示"这个功能一定要打开，否则别人在你主页看不到这个群聊，"对新成员展示历史消息"这个功能也要长期打开，方便后续进群的人看到之前的聊天记录，实现用户自动添加你的微信。"系统默认欢迎语"这个功能可以关掉，因为会影响进群用户的感官体验。还要关联笔记，如果不关联笔记，别人就无法从笔记中看到你的群聊，之前发过的笔记也可以关联上，所有有流量的笔记都可以关联。

不过新的困扰也有很多，会有很多为了引流的账号进群发打扰广告，影响社群氛围，这时你可以考虑关闭自动进群功能，不过这也会损失一部分流量。

### 6. 评论区

可以在评论区以置顶群聊链接或 @ 小号的方式把意向用户引导到群里或小号上，在笔记流量比较大的时候，需要不断地切换小号提供的微信号，避免单个微信号被限流。

### 7. 小红书账号 ID 即微信号

小红书账号的 ID 只能修改一次，可以将负责引流的小助手的小红书号更名成微信号，这样做在万一被举报或出现其他限流等问题时，可以直接注销账号重来，对主账号影响较小。

优势：点击小红书账号可以直接复制，免输入较方便，截图也能直接传达信息。

劣势：小助手不发文，首页访客数量少，点击复制功能用户可能不熟悉，操作路径较长。

除了以上引流方法，开通店铺也是小红书官方提倡的 2023 年商业化方向，相对管控得不那么严格，可以在私信中引导用户进店铺咨询，通过店铺提供的交易工具来引导用户到私域。

从更长期的角度上来看小红书平台上的变现行为，我还是建议小红书生态内可以完成的交易，尽量在小红书平台内完成，这样更符合平台的利益，经营上也更加稳定和可持续。另外，**引流到私域后进行交易的行为应遵守国家的法律法规**。

几乎每隔一段时间，小红书引流方法就会被迫升级，未来无论是升级到何种引流方法，都离不开添加理由越来越充分和添加方法越来越顺畅的两大原则。所以我们不用担心某种方法一段时间后就不行了，只要找到引流的逻辑，总能发现新的路径和方法。

我经常在小红书运营交流群看到某个账号被限流了，过一段时间，大家又尝试出某个新的引流方法，大家在运营不同类目、不同账号的时候相互交流，会发现这个不断升级的过程本身也充满乐趣和挑战，只要你变得够快，你就抢占了先机。

如果你还想了解更多小红书引流技巧和案例，可以在我的微信公众号：Travel 星辰大海，回复关键词"引流"，进入交流群，领取一份小红书引流方法 PPT。

# 第 5 章
# 变现：怎么在小红书上赚到钱

在小红书上获得变现是本书的写作重点，所以几乎在每个章节你都能看到基于变现目的下的运营思考。从这一章开始我将帮你梳理小红书变现的商业思维和操作路径，以及长期可以投入的变现方向。

## 5.1 变现误区和变现步骤

### 5.1.1 很难变现的 4 种账号

在日常面对的很多案例中，我经常看到一些账号的创作者很迷茫，从一开始的信心满满到最后的困惑焦虑，核心原因是账号的运营没有带来正反馈，这种正反馈不是因为没爆款，而是因为没变现。

从我接触的案例来看，常见的类型有以下几种。

**1. 无定位**

即这个账号在运营之初是没有明确定位的，笔记内容的创作上可能有一些信息价值，产生过一些爆款，但是带不来用户关注和咨询，无法对应到变现目的。

这一类账号的选题分散、排版混乱、风格不统一，今天分享的是生活，明天分享的是电影，后天分享的是书单，把小红书当作朋友圈来发，很难明确地向用户传达可以提供的价值和人设定位，所以用户不会关注，不会咨询，也无法变现。

这是"小白们"最常出现的一种情况。

### 2. 无变现路径

变现路径是关于账号从流量到转化到交易的路径闭环，很多第一次接触小红书的人很难具备从流量到生意的闭环思维。实际上在开始账号运营之前，就应该深入思考如何变现，如果变现路径没有设计好，笔记的流量突然打开了却不知道如何承接到交易，那将是很可惜的。

如果你考虑做小红书博主接广告变现，那你在简介和笔记中就要传达出你是可以接广告的，以及方便找到你的联系方式。

如果你计划私域变现，就要在简介和笔记中告知你的服务内容，并且留下别人添加你的理由和方式。

如果你准备在小红书搭建店铺直接交易，就要考虑在笔记中植入店铺链接。

如今小红书的变现路径已经非常多了，可以看到大量的互联网个体户结合自己的生意在小红书年入百万元，对于正在阅读本书的你，需要深入思考的是，你要用小红书做什么？

### 3. 无网感

无网感体现在运营思维的欠缺，即不知道发什么、写什么，不清楚如何挖掘需求，写不出用户关心的话题和爆款笔记。一般做过电商、微信公众号、知乎、抖音的人再来做小红书都会得心应手，因为关于运营的底层逻辑是相似的，网感不是一天练成的，需要多年的学习和经验积累。好在小红书的内容要求不高，如果你按照本书的完整思路跟着操作，那么你的小红书运营将可以达到一个较高的水平。

我们用书中的部分方法来让一个没有经验的实习生运营小红书，基本两周就能达到一个稳定输出的水平，有实习生用这样的方法，好几个月都出现过万藏万赞的爆款。

### 4. 无内容流程

无内容流程，即对选题—标题—封面—正文笔记的写作缺少SOP（标准操作模板），表现在内容质量差、作品数量少、作品不持续。不得不说基于变现目的的小红书运营是一件需要充分投入的事情。

我经常看到一些账号，笔记的发布数量很少，笔记选题也不是用户关心的，笔记发布时间不稳定，账号长时间没有更新，笔记的风格混乱，笔记正文没有结构……这类账号不仅离变现远，离爆款也很远。

以上是常见的四类难以获得变现的账号类型，你可以对照检验一下，尽量避开这些误区。

## 5.1.2　账号变现的5个步骤

所以从变现的角度出发，我非常建议你从本书的第1章节开始，按照我提供的步骤从认知、路径、定位、爆款、引流、变现的流程，完整思考一个账号的运营。

第1步，战略定位：为什么要做小红书？目标变现多少钱？

第2步，交易路径：你卖什么？卖广告资源，还是实物产品？要规划好变现路径，即通过何种方式赚到钱。

第3步，账号定位：根据产品和路径修改账号昵称、简介、头像。

第4步，打造爆款：思考和运营选题、标题、封面、正文、评论。

第 5 步，引流变现：引流到店铺或私域，交易变现。

如图 5-1 所示，通过这 5 步你可以发现，大家在小红书中最关注的引流其实不是最重要的，那最重要的是什么？是基于成交来做流量的商业思维，是严谨闭环的运营习惯，经过这样思考后的账号运营，打法和操作都是清晰明确的，不会边做、边发现、边思考然后重来返工，而是有预期地推导变现结果的发生。

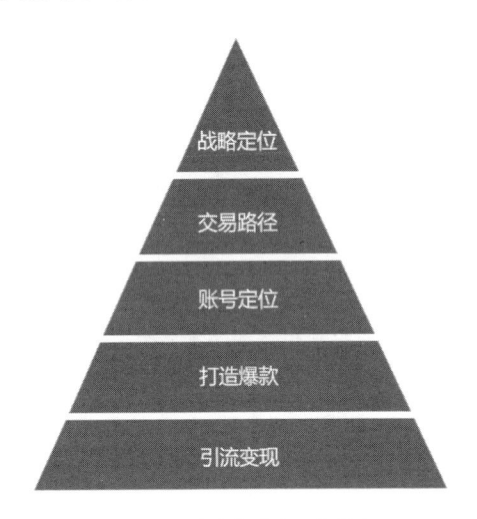

图 5-1　账号变现的 5 个步骤

这非常符合互联网运营的做事法则——"不要以为做了事，就一定解决问题，而要先想清楚，为了解决什么问题而做这件事"。

## 5.2　变现思维和变现方法

### 5.2.1　供需的连接器和生意的放大器

大家做小红书的目的可能会有很多，但是正在阅读本书的你应该是从变现的角度思考和出发的，通俗地讲就是我想通过小红书发什么内容、赚到多少钱。它可能是一个打工人的副业，也可能是一家公司的流量来源，总之爆款也好、流量也罢，都是实现赚钱的手段。

我个人最喜欢小红书的一点在于它的包容性，既对一个普通的"素人"很友好，可以实现新人新号的即时反馈，帮助学生、宝妈等普通人获得收入，也能支撑一个个专业化商业团队的运营回报。实际上随着小红书渐渐成为生活中的"百度""贴吧""大众点评""58同城"……今天各行各业的生意都可以在小红书上重新做一遍。

所以无论是普通打工人，还是一家有着自己生意的公司，都可以思考利用小红书做点什么来获得变现，普通人可以利用自己的特长卖技能、卖服务，比如简历修改、工作辅导、PPT制作、视频剪辑、课程教学、摄影摄像……

企业可以结合自己的已有业务来卖实物商品、非标服务等，比如旅行定制、留学安排、签证代办、婚礼装修……

以我个人举例，我创业之前的职业经历是在携程旅行负责主题旅行的业务板块，后来决定自己创业做了一个文旅品牌。在和大量文旅企业的对接中发现这些企业普遍缺少线上获取流量的能力，于是决定依靠我过去多年积累的流量和内容经验，带领团队来帮文旅企业做线上营销，很快获得了非常显著的反馈，最高峰的时候我们一天可以获得1000个微信，这放在任何一家公司都是不小的流量规模。后来我成立了专门的小红书流量营销品牌：即刻下单，来帮助不同的企业通过小红书营销获客，接下来对接了服饰品牌、航空公司、汽车、咖啡、快递、民宿酒店、旅游企业等，完成了很多个行业的供需连接。

我深入运营小红书的时间并不长，但因为一开始就是以变现为目的且带着具体业务来做，所以反馈和收获都很直接。

在小红书变现的思考上，结合自己的业务和能力，我还想告诉你以下两句话。

### 1. 小红书是匹配供需的连接器

在本书的开始，我就向你分享了我对生意的理解，生意的构成离不开供需连接，小红书高效的连接方式和极低的投入成本是所有平台中最值得尝试的，而搜索流量为主的流量类型，又让交易效率极高。无数普通人在刚刚面对小红书时都抱着将信将疑的态度，经过我们一段时间的陪跑指导后，纷纷表示小红书"真香"。

只有真正做过生意的人才知道精准流量的重要性。

### 2. 小红书是成熟生意的放大器

一定要基于变现目的来做流量，小红书只是实现目的的手段，只能帮你解决流量的连接问题，但是在这之前，你要想好你的生意是什么。如果你有一盘自己的生意，且已经有了转化和交付的能力，小红书大概率可以成为你已有生意的放大器。目前已经看到来自酒店、婚拍、装修、潜水店、到家服务、家教、服饰品牌等多个行业在小红书上将生意的规模不断放大。

需要注意的是，小红书只是流量渠道，你在小红书上赚到多少钱取决于你的生意是什么。这也是一开始的定位阶段需要考虑的问题，定位和赛道选择上，除了离钱近，我还建议你选择赚得多的赛道，我曾经指导过一家做黄金珠宝的企业运营小红书等，这种高客单价的类目运营的第一个月营收就超过了百万元。

如图5-2所示，有了以上两个基于需求变现的理解，再结合不同的引流变现方式，运营小红书的变现路径就非常清晰了。即在小红书上面对某个人群，针对这个人群的某个需求，发布一系列的笔记获得咨询，然后导流到私人号或店铺，最终实现成交。

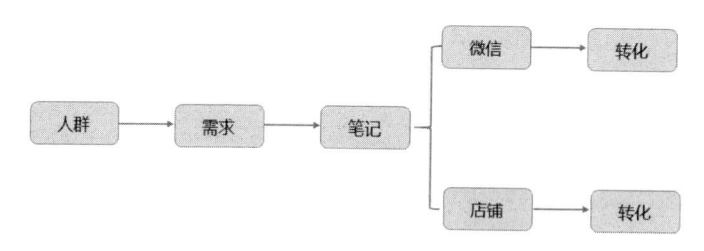

图 5-2　小红书变现关键路径

有很多传统企业之前不会在线上获客，或者线上获取流量的成本很高，转做小红书以后生意规模随即得到放大。以我自己的亲身经历来说，我是 2022 年正式进入小红书给旅行交易业务做流量的，当时正处暑期旅游旺季，运营了两周就获得了单日 1000+ 的咨询流量，迅速将旅行业务的成交规模放大。

如今很多的传统业务从业人员都可以思考，如何借助小红书将你的生意规模放大。

## 5.2.2　矩阵号布局放大流量

要想在小红书获得更多变现，还需要采用非常规的运营方法，矩阵号就是其中一种，矩阵号一般是专业化团队常用的运作方式，比如我们公司的即刻下单团队，每项业务基本都采用矩阵号的运营方式，但需要提醒大家注意的是矩阵操作同样意味着高风险和高成本。

之所以采用矩阵号，主要有以下几点考虑。

### 1. 规模流量

因为不同业务的流量诉求不一样，有的人运营一个号每天获得 3 个 5 个的订单交易就已经不错了，但是也有一些业务需要的不是 3 个 5 个的流量，而是需要 300 个 500 个甚至更大规模的流量，尤其是针对企业需求的专业化运营团队，3个5个的流量不值得讨论，因为不解决生意的根本问题。

我们曾经帮助一个服装品牌运营过30多个矩阵号，这个品牌目前已经是小红书细分运动服饰品类的第一名，即一个品牌通过运营多个账号实现了词条占领和品类占领，小红书平台的所有流量都被吃透了，这样的投入毫无疑问是值得的。

### 2. 需供比

如果把小红书抽象成自由交易市场，其实就是对应领域有多少需求，并且有多少账号来承接，我分享一下我们团队选品的逻辑和对市场判断的逻辑，主要有以下四个象限：

- 需求很多、供给也很多：即每天有很多人搜索，但是同时也有很多个账号很多篇笔记更新，这个市场是一个充分竞争市场，需供比很小，在一些极端市场，需求甚至少于供给。

- 需求很多、供给很少：这是绝对的大蓝海市场，即有很多人搜索，很多个需求需要承接，但是对应的账号和笔记很少。从理论上说，这类市场很少，或者只会在某一段时间内出现，因为供需失衡的红利很快会被时间抹平，只要是挣钱的生意，就会有大量的人进来。

- 需求很少，供给也很少：这可能是一个相对不错的市场，因为需求不多且稳定，但是竞争者也很少，只有很少的几个账号和笔记在更新，那么你进入以后收集到需求的机会就很大，但是整体需求还是不多，天花板很明显。

- 需求很少，供给很多：这个市场已经陷入一个内卷的状态，基本可以放弃。

如图 5-3 所示，基于变现为目的的运营者一定要清楚，小红书运营其实就是一场需求与供给的连接游戏。

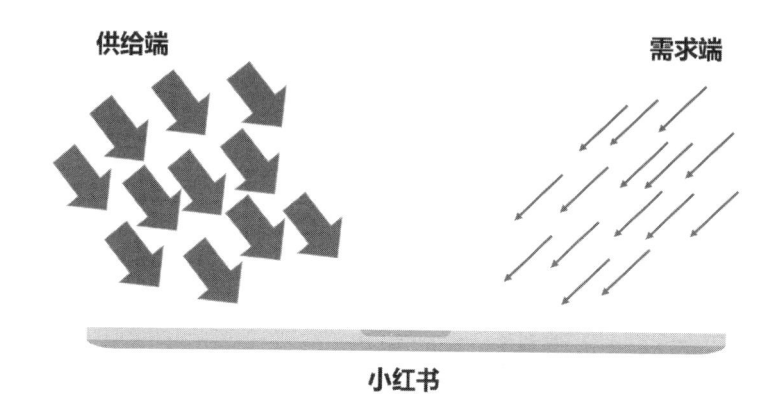

图 5-3 需供比

### 3. 概率

矩阵号的另一个好处是更容易出效果，我们知道小红书的运营效果 =70% 的概率 +30% 的运气，如果只有一个账号很容易测试不出有效的运营结论，因为正确的事情只有重复做才容易成功，那么多个账号一起来做就会更快速更直接地拿到结果。

矩阵的价值就是对抗小红书算法里 30% 的不确定性，只要方向方法是对的，用在多个账号上就可以快速得到正反馈。

### 4. 放大

矩阵号还有一个好处是可以快速放大，一旦测试出某个笔记类型或某块需求值得投入，矩阵号就可以快速放大业务的规模，如果短时间内想要获得规模的流量，专业团队就会通过多篇笔记内容去提升爆款命中率，等爆款出现后再去小红书站内通过付费投流增加权重，快速将流量规模和生意规模放大。

我们可以通过下面的公式看到对应的逻辑关系：

流量规模 = 账号数量 × 单个账号获取到的平均流量

生意规模 = 流量规模 × 客单价 × 转化率

所以你会发现，在开始运营小红书之前，可以大概测算出你的投入成本和收益，即小红书上的生意账是算得出来的。

以上是我提供的矩阵运营背后的4点考虑，其实矩阵模式更能体现的是商业上关于效率、结构、成本与收益的复合商业思维。

## 5.3 值得关注的3种变现模式

小红书平台也存在多种变现方式，包括店铺交易、付费专栏、直播带货、广告变现等，我们重点讲其中的3种，即私域变现、广告变现、电商变现。

### 5.3.1 私域变现

私域变现即通过发布笔记引流到私域完成交易的一种变现方式，也是小红书上较为主流的变现方式，目前有很多个人号和企业号都在采用这种方式完成变现。

**流量—粉丝—客户的关系**

在开始介绍私域变现之前，我还想和你说清楚流量—粉丝—客户三者的关系，因为大部分运营者在小红书乃至整个新媒体上赚不到钱的主要原因，都是因为没有搞清楚这几个关键词的区别与关系。

- 流量：小红书上的阅读量，或是一切互动行为产生的连接。
- 粉丝：从公域到私域，带着需求、高频互动、有潜在商业价值的真实的人。

- 客户：可以向其提供服务获得变现，产生交易行为的买单者。

看到这里你就理解了即便笔记是爆款有流量，也不一定能够赚到钱，我们要的是从小红书公域转到微信私域，且带着需求、能够高频互动、有明确需求和潜在商业价值的一群人，如图 5-4 所示，我们需要的不是流量，我们需要的是客户。

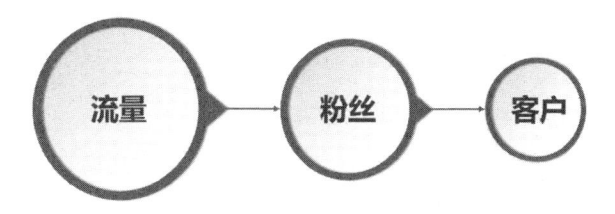

图 5-4　流量—粉丝—客户

### 私域变现的关键路径和适用品类

私域变现需要通过笔记触发私信加到微信，在微信里完成沟通实现交易，如图 5-5 所示。如果从整个交易效率来看，还需要注意沟通效率和成本的问题，这里有几个重要的卡点。

图 5-5　私域变现路径

- 私信量：即笔记触发的私信互动量。
- 加微率：即从私信到微信的添加转化率，目前小红书管理限制非常严格，很容易触发封号限流。
- 转化率：即加到微信以后的成交转化率。
- 转化周期：即从首次加到微信到最终转化平均需要经历多长时间的沟通，这关系到沟通成本。

即私域变现的利润值 = 私信量 × 加微率 × 转化率 × 毛利率 × 客单价，从这样一个交易公式很容易看出，要想获得较高的利润值，应该寻找到私信量规模比较大、高客单价、高毛利、加微率很高且转化率不错的品类。

我们一个一个来看：笔记的私信量决定因素有很多，包括赛道定位、运营水平、笔记类型等多种变量，但核心还是前面定位阶段提到的选择一个能够收集到足够私信规模的赛道。

笔记的加微率由运营环节的客服水平决定，比如回复得更及时，话术更有针对性、更能打动用户，就更容易添加到目标用户的微信。

同时考虑到小红书对加微限制的加强，一个重要的思考是"是不是微信加得越多越好"，很显然，当小红书管控私信的时候，微信加得很多其实并不是一件好事，因为微信加得很多会存在两个风险。

1. 引流行为容易触发账号的限流封号

小红书最新的私信规则是每个用户每天最多可以给 5 位陌生人发私信，且在对方回复之前只能发送一条，即单个账号主动私信的条数非常有限，你需要把机会留给最有价值的用户。如果用户私信我们，也是一样的，单个账号的大量私信同样会引发系统的监测和限流。

总的来说，小红书私信多不一定是一件好事，而是要把有限的私信机会留给最有价值的人。

2. 微信加得多降低转化率

从整个交易链路上看，除了关注流量的效率，还需要关注转化的效率，大量未经需求筛选的小红书用户进入微信会带来客服沟通成本的增加，即每天聊了很多人，但最终转化率上不去。

所以，这两项风险带给我们运营思路的重要启示：要找到每个品类下最有价值的需求，设计筛选链路，从越来越多的泛咨询变成越来越少的精准咨询。

比如我们曾经帮助过一家旅行企业做小红书运营，客单价超过 3 万元，我们同事在运营初期笔记发出后获得了很多私信咨询，常规理解这是一件好事，证明需求不错，这家企业也很开心，觉得很有效果，但是我在介入后坚持调整了运营策略。即对账号的装修、笔记描述、私信回复都设置了筛选项，从而屏蔽价格敏感的用户和无效需求的用户，确保在认可价格和服务内容以后再来私信聊天添加到微信，珍惜每一次私信机会，不浪费私信名额。

以下是我当时调整后的动作和话术：

我们是专注欧洲 2~8 人精品小团的旅行品牌，已经做了 5 年，优势在于：

精品小团深度玩法；

我们的旅行定制师同事大多是来自欧洲的留学生，对欧洲非常喜欢和了解；

去欧洲目前 6~12 月都有空位（参考价格：10 天行程 3 万元 / 人）；

我们的小团包含签证、包车、景点门票等全包服务；

如果您有去欧洲的旅行计划，可以留下地球号，我们具体沟通哈。

转化率的影响因素有很多，品类特性、人员专业度、沟通技巧等，这里不详细展开。

高客单价和高毛利是根据我们选择的品类来定的，因为整体链路里的发布笔记、引流到微信、通过微信沟通转化等每一步的运营动作依然是有耗损的，为了提高交易效率，当然应该尽可能寻找到每个需求转化以后变现毛利更高的品类，比如珠宝、移民、留学、婚拍、出境游、保险、高端酒店等。

当然，这并不代表低客单价低毛利的品类完全不值得做，在我们小红书运营交流群里有一些大学生、宝妈、职场白领通过发布笔记来做四六级考证、简历修改、职业辅导、知识付费、技能提升等，每月也能获得千元以上的副业收入，作为普通人常规收入之外的补充，也非常不错。

上面的这套私域变现的路径和品类选择，更多适用于规模流量、规模生意、规模变现的专业化团队，你也可以结合以上路径和品类的标准思考，你的生意是否真的适合在小红书变现。

### 5.3.2 广告变现

广告模式是小红书目前主流的变现途径之一，无论粉丝多少，只要账号垂直、笔记优质，都有接到广告的可能，广告模式从变现方式和收益规模可以简单分为以下几种。

**1. 好物体验**

好物体验是小红书官方给博主提供的与品牌方合作的机会，如图5-6所示，博主可以打开好物体验站，结合自己的账号定位找到可以合作的品牌提交申请。好物体验里的品牌方都有关于内容的发布要求，比如发布时长、内容形式、是否标记品牌名称、绑定高级选项等，博主在认可要求以后可以向品牌方申请体验。

这种体验品牌方是不用向博主付费的，一般适用于粉丝量和影响力较小的博主，对博主来说，相当于增加了一次合作案例和经验累积。

通常好物体验的申请者都远大于开放的试用名额，这种合作方式对品牌方更有利，如果账号内容一般，获得合作机会的可能性会比较小。

好物体验入口　　好物体验选品　　内容发布要求及流程　　提交申请信息

图 5-6　好物体验申请流程

### 2. 合作置换

不知道你有没有遇到这种情况，去线下餐厅吃饭，餐厅老板告诉你在大众点评点个好评，就会多送一道菜，其实这就是一种置换。合作置换对博主来说也是一种不收费的合作方式，博主不收取推广费，品牌方不收取产品服务费，即博主为品牌方发布笔记，品牌方通过试用、体验或其他置换换取博主的推荐机会。

相对于好物体验，这种方式对博主和品牌方都有更大的灵活性，而且不用特别拘泥于粉丝多少，即便是新号，笔记发布数量不多，只要定位垂直，符合品牌方的需求，很多品牌方也愿意合作。

我们家开始装修以后，我爱人也注册了一个小红书账号分享装修过程，并且这些笔记的互动效果很好，大概发布了 10 篇笔记后，就有来自家电、家装、灯具等类别的各种品牌联系置换合作，在家装领域这样的案例有很多。

其实这就是一个利用小红书"变现"的真实案例，虽然变现得不多，但是投入也很少，并且带来了生活以外的小可能。一个家庭女主人可以不断地收到家居好物的体验机会，仅情绪价值这一项收获都已经非常大了，普通人在小红书只要努力就会有收获，这就是小红书友好又神奇的地方。

一个连锁民宿的品牌方曾经找到我们，希望我们帮助梳理一家连锁民宿品牌的小红书营销策略，当时我就建议他们，用民宿置换的方式换取旅行博主的笔记发布。大概半年多以后，因为这些笔记带来的新客占到了民宿预订量的30%，而淡季的民宿房间本来就是空的，民宿本身并没有付出额外成本，这就是用现成资源换取营销机会的置换模式。类似的案例还有很多，在家装、美妆、图书、服饰、美食、电器等领域都有很多置换合作的机会。

也有一些博主可能不太愿意接这种没有直接收益的合作机会，但是换个思路想，伟大的事情总有不起眼的开端，置换本身也是在为自己的账号积累案例，用一个合作机会撬动下一个合作机会，每个万粉的博主也都是从新号起步的，这也是运营中的杠杆思维。

那么，博主如何找到这种置换机会呢？

（1）等待品牌方找你

对于新号来说，可能性较小，因为需要一段时间的笔记累积才有可能被对应领域的关键词收录，出现在第三方平台的博主数据库里。

（2）主动寻找品牌方

主动找到品牌方，直接表明合作意向也可以，但是存在寻找过程漫长及沟通相对低效的问题，如果对方此前没有这样的合作方式，首次沟通和尝试的效率较低，同时因为主动找的品牌方，在价格谈判上的沟通地位也较低。

（3）加入通告群

目前已经有"螃蟹通告""红通告"等平台，充当了品牌方与博主之间桥梁的角色，可以理解为一个第三方的广告接单平台。

3. 付费合作

付费合作的模式是博主最为喜欢的，也是很多人运营小红书的终极追求，试想每月只要发布几篇笔记就可以获得几千甚至过万元的收入，这对很多人来说都有着极强的吸引力，我身边就有好几位非常成功的博主，每月的广告收入超过 5 万元，已经超过了当前职业打工人收入的天花板。

付费合作方式也有两种，分为报备和不报备。

*报备合作：*

当粉丝数量超过 1000 人的时候，就可以开通品牌合作功能，在小红书蒲公英平台上接单，俗称报备合作。品牌方通过蒲公英平台下单，支付给博主合作费用，一切都在小红书平台监管之下，小红书平台会对博主和品牌方收取手续费，比例一般在 10%。

如图 5-7 所示，报备合作对品牌方的好处是在后台可以查看笔记的数据效果，方便判断投放质量，优化投放方向，对于投放效果较好的笔记，品牌方还可以与博主一起购买流量放大助推。

*不报备合作：*

即品牌方和博主单独建立联系后，不通过蒲公英平台直接进行合作，此时不用再向小红书平台支付手续费，但是小红书对不报备笔记也有一定的识别和限制，如果发现会对笔记进行限流，所以这一类笔记的广告痕迹不能太强。

| 蒲公英后台设置 | 报价竞争力 | 合作机会提醒 | 笔记阅读数据 |

图 5-7 报备笔记合作流程

在实际操作中，遵循报备和非报备合作结合，是比较妥帖的合作方式，我更建议在合作经验不足的时候都走报备，帮助平台赚到钱的同时也让自己足够熟悉规则。

同时无论报备还是不报备，无论是好物体验还是合作置换，从一个博主的长期广告生涯来说，都要以不伤害用户阅读体验为前提，同时保留显性的价值观和审美标准、基于生活体验的真实分享，只有这样，博主广告变现的路才能走得更远。

基于广告变现模式的账号运营，要想不断接到品牌方的合作邀约，还需要注意以下几点。

### 1. 垂直定位

垂直定位的好处是让品牌方清晰地知道你的粉丝和品牌是否契合，垂直定位也方便让对应的广告主找到你的成本更低。比如你可以针对某个领域持续地分享笔记，这样代入广告主的合作效果也会比较好，用户的接受度相对更高，品牌方也会觉得相关性更好，更愿意投入。

### 2. 真实分享

真实分享是需要谨记的原则，即不要发布和推荐完全不了解的产品服务，这是对自己的粉丝不负责，也是对账号长期价值的不负责。无论是小红书用户还是广告主，都希望看到一个真实分享的博主，只有这样才可以收取更高的合作费用，收获更持续的合作效果。

### 3. 表达可合作

聪明的博主会在账号简介和笔记当中留出适当的广告位，等待广告主出现，即你的账号一开始的定位就是走人设分享、广告变现的模式，那可以表达得直接点，留下你的合作模式、合作要求和合作邮箱等，确定了博主广告这条路就不要藏着掖着，品牌方找来的时候不要傲慢也不要卑微，直接友好的沟通方式往往更容易收获长期的合作机会。

一般账号粉丝数量越大、定位越垂直，账号越活跃。笔记数据越好、真实分享的账号，不仅更容易接到品牌方的广告，而且在广告报价方面也会有更多的主动权。

广告模式是互联网经典的变现模式，不仅在小红书，在抖音、知乎、公众号等任何一个有流量的平台都会长期适用，所以基于广告变现的模式，长期运营一个博主账号获得变现，也是非常不错的选择。

## 5.3.3 电商变现

2023年小红书商业化的进程加快，在"618"前夕更是上线了很多电商模块的交易功能。数据显示，在2023年的"618"期间，参与小红书"618"的商品数量同比增长约5倍，与2022年的"618"相比，日均购买用户数同比增长约4倍，在供给和消费两端均实现大幅增长。与此同时，在达人直播、店铺直播、商品笔记、带货笔记、商品搜索、商城等各个交易场景，核心数据较去年同期均实现爆发式增长，由社区内容驱动的小红书多元电商生态正在加速形成。

## 1. 店铺带货

为了摆脱一直以来小红书用户在平台内种草却在京东、淘宝下单的尴尬处境，在 2021 年 8 月小红书出台了"号店一体"的平台政策，将账号划分为专业号和非专业号，从此以后，小红书用户的"我的"主页面，多了一个购物按钮。在此后的时间里，小红书对于店铺交易的探索从未停止。

小红书店铺有两种类型，一种是个人店铺，一种是企业店铺，无论是哪种店铺，都要首先认证为专业号。专业号也分为两种，个人专业号和企业专业号。

个人专业号只要申请就能通过，不需要任何费用，企业专业号需要有营业执照，且缴纳 600 元认证费用。一个营业执照可以最多申请 3 个专业号，开通 3 个店铺。

个人专业号开通的店铺最少需要 1000 元保证金，部分品类的保证金可能更高，不过友好的一点是可以等到有实际订单后再缴纳，企业专业号开通的店铺一般需要 20000 元保证金。

个人专业号和企业专业号，以及个人店铺和专业号店铺的开通流程相对琐碎，但都比较简单，如图 5-8 所示。登录小红书专业号平台和商家入驻系统（如图 5-9 所示），按照流程操作，基本 3 到 7 个工作日都能开通。

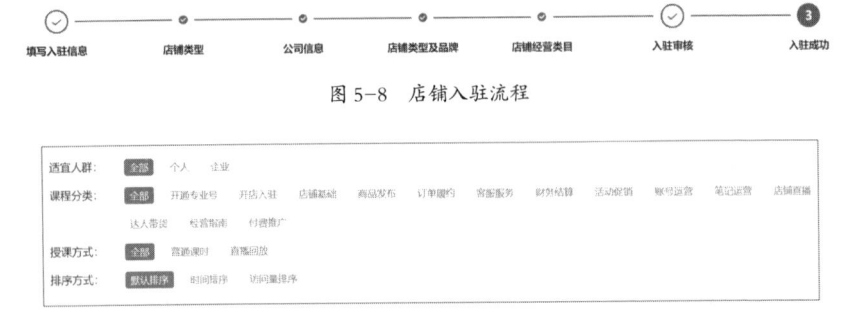

图 5-8 店铺入驻流程

图 5-9 小红书商家入驻系统后台

对于本身就有生意的企业号来说，开通小红书店铺只是多了一个接单平台。需要注意的是，小红书开店和京东、淘宝开店不同，不是开了店就一定会有订单和生意，因为小红书的流量更多是笔记流量，商品流量的占比很小。很少有用户打开小红书是为了买东西，更多的场景是看到某个笔记触发了购买需求，从笔记来到店铺，完成下单，即小红书的店铺流量来源主要依靠笔记或者直播等内容流量。

### 2. 笔记带货

笔记带货是小红书为博主和商家提供的流量合作桥梁，即商家可以在开通店铺的同时开通分销功能，设置好佣金比例，其他博主可以将笔记和对应的商品关联，实现精准分销。

对商家来说，商品合作功能为店铺打通了流量，带来了销量，对博主来说，一篇笔记增加了分销佣金的变现收益。对小红书平台来说，平台实现了商业化闭环，所以这是三方受益的合作模式。不过这一模式用户是否接受，还需要时间观察。

如图 5-10 所示，目前笔记发布的时候支持店内商品、商品合作及探店合作三种带货分销方式。

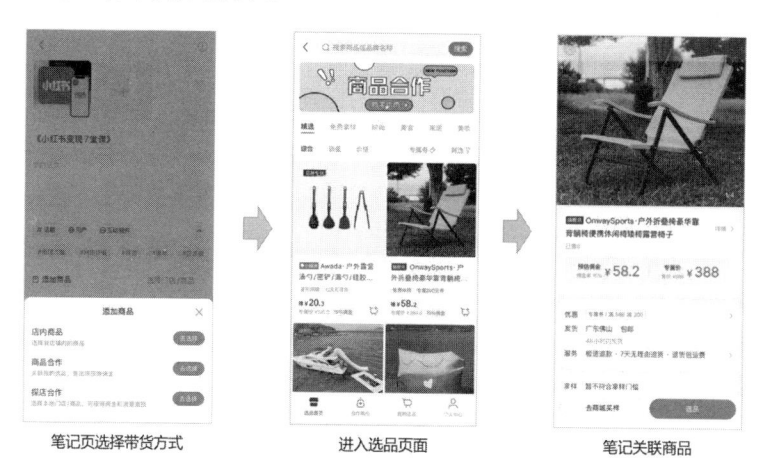

| 笔记页选择带货方式 | 进入选品页面 | 笔记关联商品 |

图 5-10 小红书笔记带货

### 3. 直播带货

博主在完成实名认证后可以开通直播权限,直播带货和笔记带货的本质相同,都是连接用户的不同内容形式。小红书官方曾经公开表示:对比其他平台,小红书直播具有"三高一低"的天然优势:即高转化率、高客单价、高复购率、低退货率。

如图 5-11 所示,在创作中心页面点击"直播选品",可以进入选品页面看到佣金及商品详情,挑出自己想要直播的商品,实现直播带货。

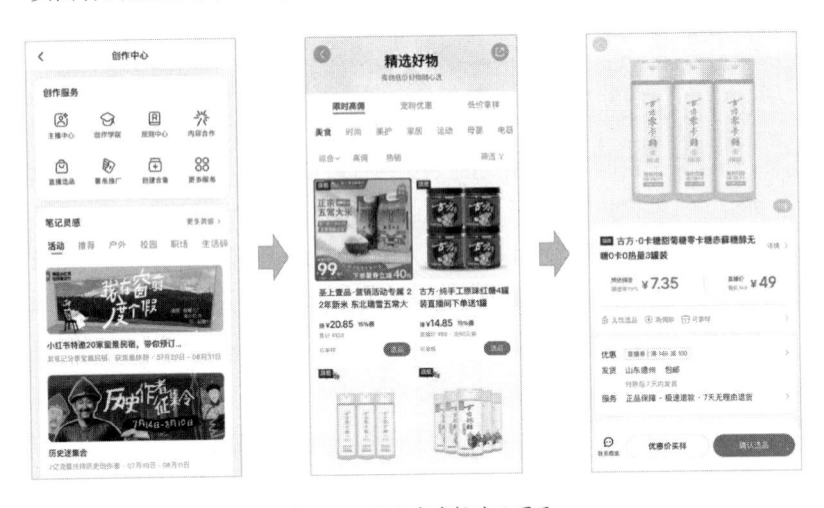

图 5-11 小红书直播选品页面

# 第 6 章
# 案例：一个个正在发生的变现案例

这一章我想带你进入小红书变现案例拆解的部分，我会将我看到且觉得具有代表性的在小红书上已经实现的一个个变现小闭环拿出来，通过分析不同赛道的变现案例，更能让你理解小红书是匹配供需的连接器，也是生意模型的放大器。

他们刚接触小红书的时候可能和你一样，缺少思路和策略，却能够在后续的一段时间里结合自己的业务实现一个个变现的闭环，并且形成严密的逻辑框架和运营体系，相信他们能够带给你足够的启发。

## 6.1 机票代理行业小红书高额变现

你好，我是迟婧，我本科毕业以后，一直从事国际机票销售的工作，在过去的 3 年里，通过转型小红书售卖国际机票，目前据不完全统计，盈利突破几十万元。

感谢许义老师邀请我来分享这段变现经历，我在这里简单总结一下过去 3 年以来，作为一名机票代理人如何通过小红书一步步引流，最终变现几十万元的经验，希望可以给读者朋友们带来一些启发。

## 一、机票项目变现背景

三四年前，出入境航班出现了断崖式缩减，但我发现境外人士回国的需求在那段时间非常旺盛，面对着"供给"远远小于"需求"的市场现状，我判断机票代理人在小红书上的机会仿佛来了。

在开始小红书运营之前，我对自己的优势做了如下分析：

在技能方面，我自己从事国际机票销售工作已有 10 年，可以熟练操作机票预订系统，对于机票的预订、改签、退票等操作十分熟悉，专业度上没有问题。

在资源方面，工作这些年来也积累了一些航空公司资源，可以提供一手的机票产品，同时这 10 年也认识了很多机票代理同行，每家政策优势不一样，我可以提供多元化的产品，产品供给也没有问题。

在客户方面，其实我以前主要面对的是 B 端客户，但是由于特殊时期商务、旅游的需求基本为零，虽然我还有一些散客的资源，但是体量比较小，C 端客户这块一直是我的短板。

在拓客方面，之所以考虑选择小红书，一是有同行朋友试水后反馈效果不错，二是我发现小红书的用户质量比较高，当时留学生群体占了很大一部分，而留学生正是我一直最想寻找的 C 端群体。

我记得当时小红书有一个话题"疫情下的回国流程"，我刚关注这个话题的时候，浏览量是 10 万，现在来看已经是 3000 多万了，当时我就觉得小红书的流量不应该忽视，于是决定试试小红书。

## 二、机票项目运营过程

### 1. 笔记内容

因为第一次做小红书，也没有前人的经验可以借鉴，我的笔记内容大概经历了 3 个阶段。

（1）流量爆发期的笔记内容

2020 年初的时候回国需求十分旺盛，我的笔记内容即便是单纯的机票信息，都会收到很多私信咨询，只要你有票，大家就会蜂拥而至。这个时候，我感觉自己的笔记真的很简单，但是因为需求太旺盛了，供给又很少，所以笔记的效果很好，这是我刚开始的摸索阶段。

当时我做的就是持续发布笔记，那时候我有机票资源，基本上每天不停地发笔记，闲下来就发，再适当制造一些机票紧张的氛围。值得注意的是，笔记的话题和标签一定要选择准确，只要标签准确，就会有源源不断的长尾流量进来。

（2）百花齐放期的笔记内容

2021 年越来越多的机票同行进入了小红书，我的机票笔记被投诉的比例很高，前前后后我大概被封了 4 到 5 个账号。这个时候我开始思考笔记思路是否要转变，当时民航局推出了航班熔断机制，我就经常发一些航班取消的笔记，提醒即将乘机的旅客，提早发现提早更改出行方案。

也是在这个时候，我开始注重小红书的昵称、简介等，之前的名字就是随便取的喜欢的名字，不符合许老师说的昵称修改规则，而这时候我直接将昵称改成了票务公司的名字，在简介方面也参考了其他同行的介绍，让自己的账号装修看起来直截了当，又具有一定的专业度。

这个阶段我的笔记开始注重内容质量，虽然美观度依然不是很高，但是至少保证了笔记的持续输出，每天至少早晚各发一篇笔记，同时也会去相关问题的笔记下面留言，我后来发现这其实是引流的一种重要方式。当然留言的时候需要注意用词，不能太直白，这个时候我用我的专业度回答大家关心的问题，吸引大家的注意和信任，效果非常不错。

(3)代理放量期的笔记内容

2022年,小红书上的机票代理开始泛滥,小红书上机票诈骗案也经常出现,我开始体会到,小红书越来越难做了,笔记的浏览量越来越少了。

于是我开始做了如下调整:

第一步,我做了小红书的企业认证,这样可以增加信任程度。我刚好有自己的票务公司,一个营业执照可以做3个账号的企业认证,认证年限为1年,1年以后可以继续认证。

第二步,我认识到小红书笔记到了比拼内容的时刻,从2022年开始我的笔记开始做一些政策相关的内容,例如航班计划、回国航班政策、核酸政策、绿码攻略等。每个帖子开始注重雕琢,从首页排版到文字描述都十分仔细。这时候明显地感受到好的内容真的会吸引更多的浏览,而且持续输出非常重要,一方面你要紧跟政策,另一方面你要把最新的政策第一时间传递给客户。以前我的笔记排版杂乱无章,现在的笔记看起来要舒服很多。

同时我又利用小红书的瞬间状态栏,适当地给自己打广告,当时瞬间效果真的蛮不错的,简介里写不下或者敏感的词汇,都可以写在这里,而且只要大家进了你的主页就都可以看到。

### 2. 小红书引流

当时在小红书上发私信咨询我的朋友,我都加了个人微信,一是加微信沟通交流方便,二是告知大家,朋友圈会有实时的政策更新,可以第一时间了解到这些。这时候,朋友圈的运营就很重要了,我经常在朋友圈做相关信息的专业分享,这样可以体现出我的专业度,同时朋友圈里真实的生活分享也不能少,这样会让客户觉得更完整,也让客户感受到我很真实。

除了直接引流，我还在小红书试着发过招募留学生代理的笔记，当时这样做首先是觉得留学生可以自己购买合适的机票回国，其次他们也可以通过我时刻了解当时的回国政策，最后还可以帮留学生赚到一些零花钱。

除了小红书上的笔记引流，加到微信的留学生，一旦出行成功，他们也会推荐很多同学过来买票，留学生都有群，这样一来相互推荐，引流的效果也很不错。

### 3. 变现数据反馈

到目前为止，我通过小红书累计获得微信的留学生数量有1500人，其中转化的购票人数在80%左右，只要是小红书加过来的，成交概率会比从其他渠道来的大很多，这也是小红书值得投入的原因。

3年来，我通过小红书赚取的利润至少在几十万元，这个数据是不完全统计，因为持续时间比较久了，而且很多客户推荐客户的情况，没有算在里面，整体来看，小红书带给我的收益还算比较令人满意。

## 三、经验总结及分享

提到经验，我的经验总结起来其实很简单，就是拥抱小红书的趋势及长期持续地输出。

做小红书，前期踩雷封号、浏览量低都是正常的现象，对新手来说，一篇就爆的笔记真的少之又少。运营小红书，我们的耐心很重要，只要我们相信，小红书是低成本引流的利器，就应该持续地探索坚持。

如果你有专业度，有产品、有生意、有业务，只是缺少客户，那么当下的小红书确实是一个引流的好渠道。确定好自己的目标客户后，不要犹豫要不要做，而要学习怎么做。

以上是这三年做小红书的一些感悟，希望可以给本书的读者朋友们带来一些启发。

**许义解读**

机票代理是偏线下的传统生意，迟婧之前的获客完全在 B 端完成，特殊时期迟婧敏感地捕捉到小红书上爆发的需求，借助小红书从引流到变现，并且获得持续的用户积累和几十万元的收益规模，这是非常值得传统行业思考的变现案例，我相信阅读本书的很多读者都有自己的生意和业务，请大胆思考你的生意是不是可以在小红书上重新做一次。

## 6.2 小众需求赛道单月变现几万元

你好，我是渡，很多线下实体店都是高客单的蓝海赛道，可以在小红书利用线上引流的模式获取流量变现。像我正在做的助听器品类，在小红书上就是一个高客单价的产品，刚开始做的第一个月我就直接变现了 4 万多元。在小红书上，我主要是通过打造自己的 IP、利用关键词布局分享专业性的内容、制作爆款笔记去提高笔记的点击率和转化率，再引流到私域，最终引导用户到店成交。

感谢许义老师邀请我来分享我的变现经历，接下来，我就从以下五个板块和大家分享我在小红书上的具体做法：

一、项目背景介绍

二、账号定位与笔记规划

三、流量承接

三、变现方式

四、入局建议

我分享的这套打法不仅适用于我所做的助听器赛道，对于和我一样线下有实体店的行业都很适用，比如美容行业、餐饮行业、派对、月子服务中心、家政等，希望能对大家有一些启发和帮助。

## 一、项目背景介绍

先来自我介绍一下，我的名字叫渡，在五六线小县城开了一家助听器门店，在做小红书之前，我所有的客源都是通过发传单或者跑合作单位获得的，这种获客方式的变现能力十分有限，为了能提高收入，我就开始研究自媒体。

2022年初我开始接触小红书，问过很多人在小红书上做助听器赛道可行吗？当时得到的回答是不建议自己做博主，可以去找商家博主做广告带货，当时我刚接触小红书，听别人这么说，我也就放弃了这个想法，开始尝试其他赛道。但是经过了将近一年在小红书上的摸索，自己有了一定的制作爆款笔记的能力，而且得知我们品牌有加盟商去年通过小红书给其他门店推荐客资，变现了六十多万元，我就想自己尝试下。

结果没想到，这一试就成功了，一个月在小红书上就完成了从0到1的搭建和起号，并且成功变现了4万多元。

## 二、账号定位与笔记规划

不管我们做什么赛道，专业性是用户判断是否选择你的重要原因，尤其是高客单价的赛道，所以人设最重要的一点就是要有专业度，那么怎么让自己看起来很专业呢？

这就需要我们在人设五件套里下功夫，也就是——头像、昵称、简介、背景和瞬间。

### 1. 头像

首先选择一张有工作背景的生活头像,如果我们所在行业有专门的工作服,那么就可以穿上工作服拍照,记得生活化一些,没必要专门去照相馆拍很正式的照片,然后以此作为头像,既能体现自己的专业性,又能拉近与用户之间的亲切感。

### 2. 昵称

我建议用你的工作身份加上昵称的形式,比如我就是直接点名自己是助听器验配师,再加上自己的昵称小鲜,直截了当地告诉用户我是谁,我的工作身份是什么。

### 3. 简介

简介的内容是非常重要的,也是用户决定要不要关注你的重要依据,我的简介主要是由两部分构成:专业背书及与用户共情。

专业背书就是写上自己在专业领域取得的成绩或证书,从事这个行业的年限等,以此让用户对你产生信任。与用户共情,就是把一些你经历过的且你的目标用户很大概率也会经历的事情表述出来,让用户由此来产生共情,拉近你们之间的距离。

### 4. 背景

背景一定要设置,而且最好放能加强你的人设的照片,比如我的背景是放了一张我自己门店的照片,目的有两个:一是告诉用户,我自己是开了助听器店铺的,我是值得信任的;二是让我的用户知道我开了一家助听器店,可以来找我验配助听器。

所以,别小瞧你的背景图给用户提供的信息价值,而且你只是放了一张图,剩下的信息用户自己会产生联想,这比你直接用文字告诉用户,可信度更高。

### 5. 瞬间

很多小红书博主都没有设置瞬间，白白浪费了一个好的广告位，我们可以在瞬间隐晦地放联系方式，放用户的真实案例等，这是一个增加信任感和提高转化率的好方法，我建议你一定要去看看自己是否设置了瞬间，如果没有的话，一定记得安排上。

除了人设，干货笔记也是体现我们专业度的最好方式，一篇好的干货笔记加上好的钩子，可以成为一篇变现能力很强的笔记，我的第一篇爆款笔记就是通过干货加上合集和钩子做起来的。不过也不是所有行业都需要写干货笔记，像餐饮行业、美容行业等，你直接展示产品、展示案例、分享和顾客之间的小故事都可以建立信任。

在账号的设置上，还有一个需要注意的细节是故事名片笔记置顶。

故事名片笔记的重点就是告诉用户你是谁，你做什么行业，你当初为什么选择做这个行业，从业期间你的经历，你获得了哪些成长，取得了什么成绩等。总之，就是用写故事的方式，把你自己的从业经历写上去，这类笔记基本上对所有的赛道都适用。

喜欢看故事是人们的天性，我们总是会对别人的人生感到好奇，而且分享自己的从业经历既能直白地告诉用户你是做什么的，还能增强用户对你的信任。

写好故事名片笔记之后，可以将它置顶，这样每一个通过你的其他笔记点进你的主页的用户都能看到，进而加强他们对你的信任感，虽然故事名片笔记的互动数据不会特别好，用户可能很少做出点赞收藏的行为，但是这篇笔记会在无形中提高账号的交易转化率。

最后就是关键词布局了，做小众赛道，关键词布局是非常重要的。小众赛道的笔记数量很少，竞争没有那么大，所以基本上只要你做好关键词的布局，用户通过搜索关键词是有很大的概率能搜到你的这篇笔记的，而且你的这篇笔记的排名还能排在一个不错的位置。

我有两篇数据比较好的笔记，数据来源分析中，通过搜索来的用户占比都在 80% 以上。做小红书的都知道，小红书的长尾流量是非常好用的，一个好的"关键词"，可以在笔记发布过后的几个月都能给你带来源源不断的流量，小众赛道持续的时间甚至更长。我的爆款笔记到现在已经发布 5 个月了，依然每天都有很多新增的互动数据。

小红书笔记很多地方都可以布局关键词，比如，昵称和简介、首图、标题、笔记内容、话题标签、评论区。关于怎么找关键词，如图 6-1 所示，我常用的方法就是从搜索的下拉框和蝉小红数据平台进行查找，然后建立起自己的关键词库，日后写笔记时，直接就可以在自己的关键词库中进行筛选，这一点许老师在选题环节和工具推荐上都提供了很好的方法和思路。

图 6-1　助听器关键词搜索

## 三、爆款笔记对标

找对标爆款笔记研究分析，是在小红书快速起号必备的技能，通过分析助听器赛道的笔记，我找到了爆款笔记的 3 个共同属性。这 3 个属性基本上适用于任何一个赛道，作为商家博主，用好这 3 个共同属性，不愁做不出爆款笔记。

### 价格

作为一个小众赛道，助听器这个类目的爆款笔记相对于其他类目来说很少，这也方便了我整理分析这些爆款笔记的共同特点，通过对爆款笔记和我自己发布笔记的小眼睛统计发现，用户对"助听器价格"特别敏感。我发布的所有笔记中，除了一篇爆款笔记小眼睛达到了 11 万，另外两篇点击量最高的就是体现价格的笔记。

我发现"价格"这个话题，不只是助听器赛道，在任何一个赛道都是流量密码。很多专业性比较强的赛道，大家在做博主的时候可能有一个误区，就是过于注重"专业型知识"的输出，而忽略了价格，觉得我只要表现出足够专业，用户就会来找我成交，然而实际情况并不是这样。

我之前刷到过一个医生博主的笔记，分享了特别"硬核"的助听器相关知识，虽然点赞收藏量很高，但是评论区没什么用户留言。然而其中有一篇笔记的评论特别多，为什么？因为有个粉丝在评论区问医生，大概的意思是某个大品牌的助听器折扣能拿到多少，这个医生回复了一句"我介绍过去的话能拿到 5 折"，然后评论区都在求推荐。

所以，笔记除了需要多输出一点干货，作为商家博主，多写和价格和服务相关的笔记才是王道，这才是用户真正关心的。特别是高客单价且价格还有可谈空间的产品，拿捏了价格，就拿捏了用户的注意力。

### 情绪价值

助听器赛道互动数据最好的笔记，就是拥有满满的情绪价值的笔记，这类笔记基本都是个人博主分享自己戴助听器的一些感受和经历，比如"因为听力不好人生有哪些遗憾""20 岁佩戴助听器是什么样的体验""要戴一辈子助听器的难过"等，这些真实的略带负面价值的情绪，往往更能引起用户的共情。

所以，一些功效型的产品，如果你自己就是使用者，通过分享自己使用过程中的情感经历，悲伤难过或者乐观开朗，都很容易成为爆款笔记，因为用户很容易就会和你产生共情。如果自己不是产品的使用者，作为商家，我们也可以分享和顾客之间发生的小故事，虽然感染力会差一点儿，但是也能在一定程度上给予用户一些情绪价值。

有一个助听器赛道的博主，她的笔记几乎都是和顾客之间或者是粉丝之间发生的一些故事，虽然没有做出特别爆的爆款，但是每篇笔记的互动量在助听器赛道来讲，都是很不错的。

### 合集

合集笔记在小红书的杀伤力是巨大的，只要你有产品，那么就一定要做合集笔记，这类笔记特别容易出爆款，作为商家博主，爆款笔记的价值是不可估量的。我的第一篇合集笔记，从去年 11 月到现在，每天都能给我带来不少的咨询，因为合集的同时我还做了关键词布局，所以只要搜助听器的关键词，首页前 5 一定会出现我这篇笔记，这就是小众赛道的好处。

可以说到目前为止，我所有的变现都是这篇笔记带来的，其他笔记只需要辅助这篇笔记加强我的专业人设，然后适当分享一些价格相关的笔记来提高转化率即可。哪怕我已经有一段时间没有发布新笔记了，这篇笔记也会每天给我带来客户咨询。

## 四、提高账号互动

许老师书里说互动是小红书的流量开关，我觉得非常正确，我分享一下我当时是怎么提高账号的点击率和互动率的。

### 做小红书互助

小红书互助就是模拟用户的正常行为给新笔记做数据，包括点赞、收藏或者评论，以此来提高关键词搜索的排名，让你的笔记更容易被用户刷到。不过对于小众赛道来讲，做小红书互助还有一个很大的作用，就是利用人们的从众心理。要知道，同样两篇首图、标题和内容完全一样的笔记出现在用户面前时，用户更大概率会点开数据好的那一篇，为什么？

因为有那么多人点赞的笔记，一定比另一篇好，就和我们在淘宝上买东西一样，同样的产品，我们更倾向于销量更高的那家。而助听器赛道很多笔记都是 0 赞 0 收藏，只需要做少量的互助，哪怕是个位数的互动笔记，对用户来说都是数据还不错的笔记，也会提升他们点开笔记的概率。

### 评论区引导

我的笔记评论区有一个很有趣的现象，前期有个用户在评论区问我哪个地方能不能提供上门服务，然后那段时间，评论里 90% 的人都在问哪个地方能不能提供上门服务。过了段时间，有好几个人直接问什么地方有没有门店，然后评论区留言的人基本都在问什么地方有没有门店。别人怎么问，后面来的人往往就会跟着问，由此可见，评论区有多么重要，我们在发布笔记之后，可以尝试用小号去做评论。

很多时候用户可能自己都不知道自己要什么，或者根本没想到自己要买这个东西，但是当你直接告诉他，或者他看到别人做出这个行为，因为从众效应，他也更容易做出相同的行为。就比如我有时候走在路上，本来啥也没想，结果看到前面那个人在吃冰淇淋，然后就感觉自己也有点想吃，紧接着马上就去小卖部买冰淇淋了。

如果你想让你的用户产生什么样的行为，就让他看见别人在做这个行为，这会增大用户采取相同行为的概率。

### 利他

这里的利他主要是针对私域引流这个行为，从起号到现在，私信我的粉丝特别多，刚开始用户私信我，我都是直接发微信，后面发现用户加微信的比率比较低。然后我就尝试着先从专业的角度解答一部分用户的问题，分析他的情况，适合什么价位的助听器，试戴的效果怎么样等。

在前期解答用户疑问的过程中，慢慢地会建立起一定的信任，聊到后面几乎确定对方要验配助听器了，信任感也差不多了，我就会问他在哪个地方，我看一下有没有我们的门店，然后再让他加我的微信，这时候用户加微信的概率就会大很多。

## 五、流量承接方式

笔记只是引流，因为小红书对引流限制很严格，流量的承接就需要有多种不同的方式组合。

### 小红书店铺

小红书最近在大力扶持小红书店铺，所以如果有产品，可以直接开通小红书店铺，在小红书内部成交。如果你的产品只能在线下交付，比如月子中心、派对、文眉等，那就没必要开通小红书店铺了。

### 引流到私域

对于实体店老板来说，把用户引流到私域是非常有必要的，如果你除了可以引流到自己的门店进行变现，还可以对接到其他城市的门店进行变现，那么引流就是我们变现环节中不可或缺的步骤。

### 群聊承接

小红书群聊引流可以说是风险最低的一种方式了，群聊加上小号承接，可以大大降低被系统检测到的概率，创建群聊之后可以做以下几个动作增加用户进群的概率：

- 设置在主页展示。
- 关联笔记。
- 在评论区留下邀请链接并置顶。
- 粉丝私信你时，直接发送群聊链接。

### 私信联系

比起群聊引流，直接私信引流转化率会高一些，但是风险较大，容易被系统检测到。如果引流的人数不多，我们可以采用这个方法，直接私信告诉用户你的微信号。不过一定要采用多种话术交替，也可以采用发图片的方式，在图片中手写微信号或者特殊标注，又或者采用乱码形式。

最近看到一种好用的方式，也挺安全的，就是把小红书 ID 改成微信号，用户问你的时候，就说小红书 ID 同号。

## 六、变现方式

因为有的助听器是不需要线下调试的，价格也相对来说较为便宜，所以有这部分需求的用户，在进行初步诊断结合听力图分析，可以验配的情况下，我直接就可以在私域进行成交，将助听器通过邮寄的方式寄给用户。

有些行业除了服务之外，还有其他配套的产品，也是可以在私域进行成交的。比如美容行业，除了线下做 SPA、做清洁、做面膜等服务，也会有一些相关的护肤品可以直接在私域成交。如果你的赛道也有类似的可进行线上售卖的产品，也可以采用这种方式，把服务对接到其他门店。

因为我自己是有线下门店的，用户如果离我线下门店比较近，就直接把用户约到门店，比起对接到其他门店，把用户约到我自己的门店，他们的信任感会更强一些。但是由于我在小县城，引流到线下门店的概率很低。如果你的实体店在一二线城市，那么这个变现方式就很适合你了，毕竟你作为分享者，用户更相信你的交付。

## 七、小红书的入局建议

从我自己这段从 0 到 1 的变现经历看，我觉得小红书是正反馈最快的平台，特别是最近开始大力扶持小红书店铺。如果你准备入局的话，我建议你要简单直接地告诉用户你能提供的服务，做商家博主不要藏着掖着自己的身份，一定要直白地告诉用户你能提供什么，你的产品和竞品有哪些差异。在笔记中体现你的专业性，或者是你能给你的粉丝提供哪些好处，比如更便宜的价格，更专业的服务。

总之，就是先告诉用户能从你这里买，在用户心里种下一颗购买倾向的种子，然后再告诉他为什么要从你这里买。比如我做的助听器账号，首先告诉用户我的店是全国连锁的，这样用户会首先问我某某地方有没有门店，其次，我告诉用户能提供的差异化服务，我们可以提供上门服务，腿脚不便的老人可能会需要这项服务。

我的变现经历就分享到这里，希望对正在阅读的你提供一些启发和帮助。

**许义解读**

助听器是一个小众需求，以前的供需连接方式是在天猫、京东等电商渠道实现，但是通过这个案例发现，在小红书上已经可以很好地找到小众需求的目标人群且实现供需连接，这也启发我们小红书覆盖的人群正在越来越广，小红书上的小众需求也越来越不小众，小红书上可以做的生意也越来越多。

## 6.3 纯小白如何在小红书接广告

你好，我是九七，目前主业是在外企从事实体零售，副业则是刚启动的小红书，我是一个纯小白，但接触小红书以后也接到了商单获得了变现，非常感谢许义老师的邀请，我从以下4个方面向你分享我在小红书的变现经历。

### 一、新手小白起号的方法

#### 1. 目标：明确目标与过程

很少有人提到目标这件事的重要性，但是我觉得明确目标很重要，许老师书里也有提到账号运营的初期需要明确运营目的与过程管理，合适的目标会减少不必要的焦虑和盲从。我对目标的理解是：少就是多，慢就是快，前期开始得慢一些，目标具体一些，有助于给自己建立信息和反馈。

图 6-2 是我开始账号运营之后对目标的思考。

#### 2. 对标：选择对标账号

在还没着手搭建矩阵号前，建议使用最简单的方法选择对标账号，我的方法就是在小红书搜索框不断输入关键词，搜索对标账号。关于对标账号，建议选择 3 个干货号加上 2 个种草号。前者是为了可以借鉴模仿干货笔记选题，后者是为了可以借鉴种草笔记。

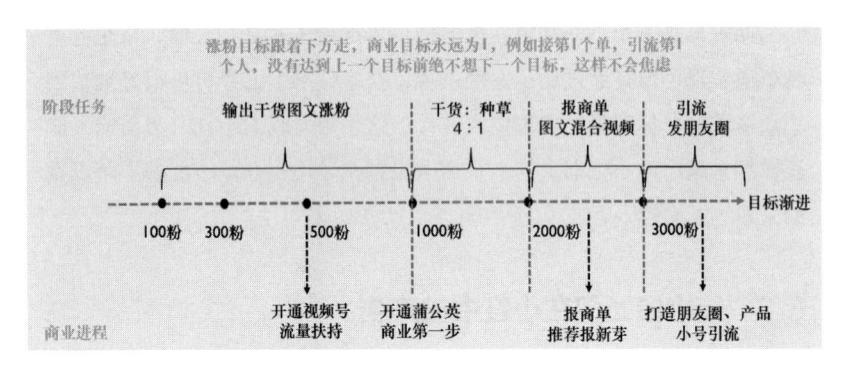

图6-2 账号运营阶段目标制定

以"瑜伽"为例，先搜"瑜伽"获得干货分享账号，再搜"瑜伽服"等相关产品关键词获得一些专门做种草的账号，找到之后直接关注，然后从他们的第一篇笔记往后看，研究这些账号的爆款笔记，尽可能地挖掘它的关键词。多挖掘学习那些制作简单的笔记，毕竟用户都喜欢简单的东西、看得懂的东西，爆款往往是简单的重复。

### 3. 选题：只做爆款选题

爆款只是简单的重复，爆过的选题还会再爆。这个理念是做内容的至理名言，你可能会纳闷，哪有那么多爆款选题？

其实输入某领域的目标关键词，出来靠前的不全是爆款笔记吗？互动加起来有1000，就是小爆款了，如果是低粉博主产出的低粉爆款，那就是大爆款了。选择其中的一篇进行模仿修改，你就拥有了自己的爆款选题。

### 4. 封面：重视沟通效率

小红书用户的审美还是比较好的，所以首图要比其他图片更重要，但如果每次使用不一样的封面，设计图又太费时间了，所以我通常使用

PPT 制作，这种封面做起来很简单，如图 6-3 所示，我是先用 PPT 存好一个模板，然后每次改一下标题或者图标就好了。

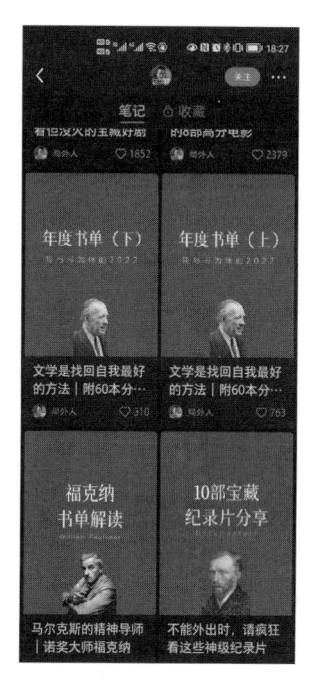

图 6-3 笔记封面标准化制作

### 5. 标题正文：布局关键词

标题也要尽可能使用爆款标题，标题的核心是布局关键词，正文重点也在关键词布局和排版格式，关键词一般重点布局在开头结尾，小红书算法会优先抓取开头结尾，然后分类推荐给相应标签的用户。正文格式则推荐为：开头用痛点引入加上情景描述（引起共鸣），再加上中间写 3~5 点干货，最后结尾写我是谁，并且带上热门标签。

### 6. 账号的数据分析

数据复盘的意义不是让我们产生焦虑，而是让自己持续摸索和执行，基于小红书的推荐机制：CES 评分 = 点赞数 ×1 分 + 收藏数 ×1 分 + 评论数 ×4 分 + 转发数 ×4 分 + 关注数 ×8 分，我们应该知道这些数据背后的实际意义，知道运营重点应该放在哪里，这一点许老师在书中已经有详细的描述了。

## 二、广告接商单步骤

接商单的前提有两个，一个是开通蒲公英平台，另一个是发一些种草笔记，这也是为什么我建议在开通蒲公英平台后，干货和种草笔记数量按照 4∶1 发布的原因。

为什么要发一些种草笔记呢？

因为品牌方在选择博主的时候会前往你的主页，所以自己发几篇所属领域产品的笔记是必要的，这些不是给用户看的，是给品牌方看的，阅读量高不高没关系。

## 三、新手做好小红书的正确心态

敢于舍弃，知行合一，少就是多，慢就是快，新号第一个月一定要日更，因为新人会有流量扶持，我就是用数量换取爆款的方法渐渐获得了反馈，初期数据不好的笔记可以渐渐隐藏。我就是这样脚踏实地发好每一篇笔记的，逐渐跑通了小红书项目的闭环，也完成了账号涨到 3000 粉丝的小目标。

以上是我作为新手小白在小红书起号变现的经历，希望对你有用。

### 许义解读

我反复提到小红书是对普通人最为友好的平台，九七可以在很短的时间内掌握小红书笔记的运营流程和逻辑，并且接到广告商单就是一个很好的验证。如果此时你也是新手，不妨像他一样，先尝试起来，制定一个自己账号运营的小目标。

## 6.4 小红书好物博主的成长历程

你好，我是叁斤，感谢许老师邀请我来做小红书变现经历的分享，我是从 2020 年开始接触小红书，一开始做的是好物分享的博主，我觉得普通人通过小红书赚大钱有难度，但是如果当作附带小项目，一个月有几千一万元的收入还是可能的。目前好物分享号素人接单量还可以，现在一个千粉账号差不多能报到 100 元一单。从发布第一篇笔记开始算，我做一个千粉账号大约需要一周的时间。

下面我从博主合作类型、账号搭建、笔记内容制作、数据分析和接单注意事项几个维度给你分享我在小红书的变现方法和经历。

### 一、小红书博主合作类型

我目前接触的小红书博主主要有软广合作和品牌合作两种。

#### 软广合作

有费用：有费用合作软广，一般是私下联系，可以在简介中放入隐藏联系方式，让品牌方看到并联系上你，即可接到私下合作的软广，报价比报备合作的价格要低一些，文案也要写得很软，否则会被限流。

无费用：品牌方拿产品跟你换，属于没费用的合作，其他方面跟有费用的合作差不多。

#### 品牌合作

门槛：当你拥有 1000 个粉丝后，会受邀请开通蒲公英和合作中心，此时必须认证专业号，而且需要实名，合作方式也有两种。

商品合作：小红书目前已经有了分佣渠道"商品合作"，可以自行到合作中心的选品中心去选品，然后发笔记时可以挂上产品链接，有人购买就可以获得佣金。有部分产品是允许申请免费拿样的，申请通过后，商家会免费给你寄送样品，你发布笔记时带上产品链接即可。

蒲公英合作：开通蒲公英后，可以设置合作报价，一般价格为粉丝数的10%，根据账号定位、近期数据等上下浮动。合作的费用，平台会抽10%，部分中介会要求返点，比例在20%上下，也就是说，至少30%的合作费用是需要给别人的，剩下的70%才是自己的。

## 二、小红书账号搭建

首先是账号定位，博主类小红书账号的搭建需要考虑赛道定位和人设定位。

### 赛道定位

赛道选择可以参考这几个原则：

#### 1. 选自己感兴趣且擅长的赛道

人只有在做自己喜欢或者擅长的事情时，才会花心思认真做。在选择赛道的时候，不要只看别人哪个做得好，更重要的是自己是否擅长，是否足够喜欢。较火的几个类目有：穿搭、护肤、美妆彩妆、健身、户外、宠物、美食、家居、母婴育儿等。

如果你喜欢好看的衣服，也喜欢自己搭配衣服，就选穿搭类目，如果你经常健身，就做健身类目，如果你喜欢折腾家居布置，就做家居类目，小红书上有很多方向可以选择，但一定要选择自己喜欢或者擅长的。

#### 2. 容易变现离钱近

只有自己擅长还不够，还要离钱近，做小红书的最终目的是赚钱，所以选择一个离钱近的赛道也很重要。

如何判断离钱近不近？

如图 6-4 所示，参考千瓜、灰豚数据、蒲公英的博主报价及商家合作数量就可以做出判断，一般情况下，蒲公英平台的内容类目里，大分类和小分类都有的赛道，变现情况都还可以，排名靠前的几个类目：美妆、护肤、身体护理等，这些赛道变现都不错。

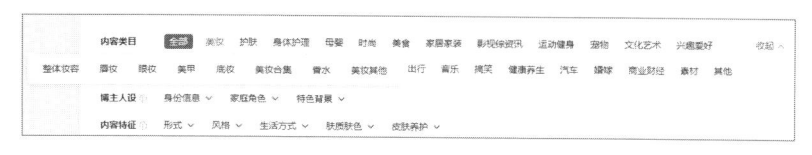

图 6-4 小红书数据分析平台

### 3. 赛道有前景

除了自己擅长、离钱近之外，赛道的成长情况也很重要。有些赛道可能近一两年能火，后面不确定性很大，也许会被管制或者没人关注，这些都有可能。比如选择做数字藏品、区块链等，离钱很近，但是前景不确定，未来很容易被限制。

## 人设定位

从博主视角来打造人设相对简单，如果赛道选择得比较细致，其实人设就在赛道选择中确认好了。如果赛道有些模糊，也有个方法可以参考：先直接找同赛道、变现好、你能模仿且喜欢的博主来对标，先模仿一段时间，然后找到自己的差异化特点，把自己的特点、记忆点加进去，最终形成自己的风格。

个人博主的人设特点需要满足几个标准：个性鲜明、识别度高、有记忆点、接地气、不营销，在建立人设的时候一定要真实，最好是从自己擅长的地方着手，一开始不要做得太复杂，简单模仿对标账号就好，再不断地在过程中进行完善。

如果实在不知道怎么定位，可以参考这个公式：你是一个帮助××解决××问题的××人。

例如：

- 我是一个帮助新人博主解决流量变现问题的自媒体人（6年自媒体操盘经验）。
- 我是一个帮助小个子女生解决穿搭不好看问题的时尚达人（小个子女生会穿搭）。
- 我是一个帮助高中生解决高考成绩不好问题的学习导师（高考状元）。

总结一下：定位上需要满足自己喜欢、离钱近、有前景，需要思考你能给别人带去什么价值，最后是做一个真实的自己。

**账号设置**

好物分享类型的账号，不需要特别的头像和昵称设计，只要把握一些基础原则就行了。

头像：

可以使用真人头像，头像形象要与账号本身调性符合。

昵称：

昵称要简短、好记、好写，方便用户查找和搜索，尽量少用纯表情、符号和生僻字，最好有一个方便用户叫你的"称谓"，比如，我希望别人叫我"叁斤"，所以我所有账号都会带有"叁斤"。

简介：

一般都是告诉用户你是谁、你来干吗、可以提供什么价值，前期简介空着也没关系，后期尽量把内容补上，个人博主的基础信息包装不需要过于刻意，找到适合自己的封面类型后，保持统一风格就好了，昵称简单好记，就没什么问题。

### 对标账号筛选

如何找对标账号呢？我一般用下面的 4 种方法。

#### 1. 直接搜关键词

关键词不要搜太小众的长尾词，最好选择跟领域直接相关的关键词，如图 6-5 所示，做细分穿搭，可以直接搜：初恋感穿搭，或者直接用：小个子穿搭。

图 6-5　寻找对标账号

#### 2. 搜话题池

大部分笔记都会添加话题，如图 6-6 所示，在找到第一篇笔记的时候，找到相关话题点进去，里面还有很多使用相同话题的笔记供你学习和参考。

图 6-6　基于话题找笔记

### 3. 第三方工具

如图 6-7 所示，你还可以在第三方工具平台，比如千瓜、新红等找到相关领域笔记，筛选出近期涨粉高并且与领域相关的账号和笔记。

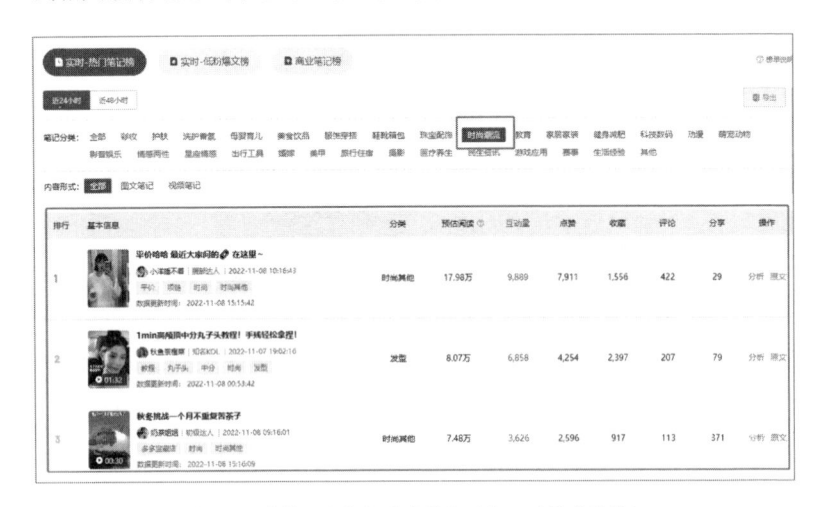

图 6-7　在第三方数据平台挖掘近期互动量高的笔记

### 4. 发现页自然推荐

平时多刷相关内容，利用小红书算法，让平台给你推荐更多相关的优质笔记。许老师在书中提到"学习可以学习的账号",在利用以上方法找到笔记和账号后,如何判断笔记和账号是否适合自己呢?也有 4 种方法。

(1)赛道相同或者相似

只有跟自己相似赛道的才有参考价值。

(2)粉丝量级

一般情况下,热门赛道也只选择 10 万粉丝内的账号参考,不适合去直接对标头部博主,一般腰部博主和近期涨粉快的博主更值得参考。

(3)笔记爆点

寻找笔记转折的爆点,看笔记突然爆火的原因,自己能不能复制账号的爆点,自己没条件复制笔记,也不适合参考。

(4)变现模式

对标账号的变现模式与自己预想的是不是符合,变现效率够不够高,变现空间大不大,自己能不能做到,如果是变现弱的账号,也没必要参考。

## 三、笔记内容制作

小红书笔记的内容在形态上分为视频和图文两种。

### 视频

好物分享的视频有很多种,开箱、测评、纯展示分享、场景分享等,视频的流量跟图文没有很大区别,但小红书有意扶持视频号,流量方面会有一点点优势。但内容制作上视频会比图文难很多,所以可以根据自己的实际情况去选择。

### 图文

好物分享的图文也有很多类型，纯摆拍、结合场景摆拍等都可以，一般纯摆拍的数据也很不错。图文相对于视频来说，流量上可能没有很大优势，但这个区别是很细微的，图文的优势在于制作成本低。

如果是图片拍摄的话，好物分享类型的图片一般都在室内拍摄，大部分产品有一个书桌，或者在阳台摆一张桌子，又或者去飘窗拍摄都可以，自然光线够亮就可以。

关于拍摄工具：手机建议 iPhone 11 以上（或其他品牌同级别型号），桌布不要太花哨，纯色板也可以，如果光线够亮，不需要补光灯，自然光拍出来效果最好，在拼多多可以直接搜索摄影道具，根据自己的产品特性来买，香薰、杂志、小摆件、假花这些拍出来风格还不错。

如图 6-8 所示，我分享几种常见的构图。

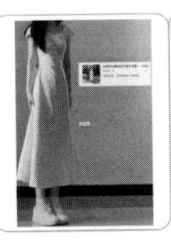

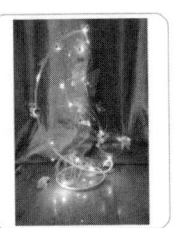

三角构图　　三分构图　　对角线　　明暗对比

图 6-8　拍摄构图方法

构图方式根据自己的产品去选择就好了，修图参数可以直接在小红书搜索：修图参数。如果是安卓手机，可以搜索：醒图、修图，会有很多博主分享一些修图参数，也会有一些博主分享拍摄构图，初学者可以看一下。但是博主分享的参数不能盲目模仿，因为我们的拍摄环境不可能一模一样，所以参数也会上下浮动，要了解这个参数的核心思路就可以了。

如果是制作视频的话，视频拍摄一般也是在书桌前，摄像机可以在书桌对面（第三人称）或自己面前（第一人称），剪辑的时候，把一些累赘动作剪掉，画面要简单，另外，背景音乐不要太大声，否则会盖过视频原声。

视频的前 1~3 秒很重要，整个视频不一定是按时间、故事的顺序播放，可以考虑把视频最精彩、最吸引人的部分提取 1~3 秒剪辑到开头。在字幕选择上，没什么特别讲究，但是有几个需要注意的点：字体选择不要过于潦草，要清晰工整；字体颜色跟画面颜色要协调，不要出现字体过于突出，也不要出现字体过于模糊不清的情况，最好是白色字体加黑色描边；字体位置不要放到过低的位置，视频播放时，底下的位置是展示文案标题的，会遮挡字幕，也不要让字幕挡住画面中的重要信息。

在笔记类型上，小红书常见的笔记类型有以下几种：

### 笔记合集

多个产品在同一篇笔记上出现，可以是同款产品，也可以是不同产品，比如，多个款式的耳机一起分享，或者手机壳、耳机、手机支架等同属性的产品一起推荐分享，一般合集类型的内容比较容易出爆款。

### 使用测评

一款产品或多款产品的测评，测试产品性能、颜值、实用性等各方面，常见于 3C 数码类和护肤、彩妆类产品，但是测评类不适合所有产品，可以根据自己选的类目具体判断。

### 知识科普

通过分享干货知识来获得流量，在干货知识中植入产品，比如，服装布料知识、护肤知识等，知识科普类内容的制作难度相对较高，但也比较容易出爆款，内容的长尾流量比较大。

### 产品种草

直接推荐产品、种草产品，比如开箱、书桌好物分享、穿搭分享、翻包记等，产品种草的内容制作成本相对较低，也比较考验选品，如果产品不好，拍出来效果就不会很好，数据会比较差。

### 教程攻略

如穿搭教程、彩妆教程、手帐教程等，通过发布一些产品相关的教程，吸引用户观看，这个类型的选题有限，也比较容易出数据，和干货比较相似。

## 四、笔记选题、封面与标题正文

选题挖掘我一般用下面几种常见方法。

### 对标选题

找到对标博主的账号进入主页，看近期发布的10篇笔记是否有一篇笔记的互动明显大于其他笔记，如果有，而且互动量较大，可以加入自己的选题库，比如你看到某篇笔记的互动量超过900，但其他笔记的互动也就300左右，那这个选题就是很不错的选题参考，除此之外，还要看笔记的发布时间，最好是在一周内的爆款，这样参考价值才比较大。

### 关键词选题

搜索一个关键词时，会产生一系列下拉词，可以在下拉词中找到比较适合自己的关键词做选题，除了下拉词，搜索结果中还会有一栏小词，也可以作为选题。

### 评论区选题

在爆款笔记的评论区，也可以找到合适的选题，只要找到那些粉丝反馈的信息，并且获得很多粉丝认可的，都能作为选题，评论区点赞数靠前的评论，都可以去看一下。

提醒大家注意，在好物分享笔记类型中，选题只起辅助作用，最重要的还是产品本身，产品即内容，产品如果符合审美，那普通摆拍也能火，如果产品本身不符合小红书用户的审美，发什么选题都火不了，或者带不动销量。所以在接商单的时候，要对产品有一定要求，不要什么商品都接，如果产品实在是质量差、颜值低、不符合小红书用户的审美，不要也罢。另外，选题也要符合产品种草的风格，要跟产品有关，否则可能会接不到什么商单。

封面可以采用爆款封面类型＋爆款标题，在封面中添加爆款标题文案，这时候，你会发现封面中的爆款标题文案，比封面设计本身更重要。同时建议封面的风格统一，那么我们如何做到统一封面，让封面保持整齐呢？

### 1. 保持统一尺寸和排版

在制作笔记内容的时候，图文建议采用3∶4或1∶1，并且尽量统一尺寸，同笔记的所有图片尺寸统一，其他笔记的图片尺寸也尽量统一，这样整个主页看起来就是整齐的。

### 2. 封面字体、颜色和大小的调整

封面主色调和字体、字体大小等都可以调整，但是主要的封面类型尽量不改变，如果需要更换封面类型，在更换后多发几篇，这样看起来也不显得乱。

封面类型上可以总结为以下几类：

对比＋文字

这种对所有类型的笔记都适用，一般突出前后对比，修图前修图后都可以，这种类型是比较吸引人的，但是官方对这类封面有一个要求，

就是一定要真实，不能过于浮夸，特别是对于护肤类笔记。

拼图＋文字

这一类常见于合集内容，同样不限笔记类型，爆火的概率还是挺大的，制作难度不大。

真人＋文字

真人加文字一般用于口播视频，在测评类比较常见。

封面类型只是参考，并不能穷尽所有类目和类型，大家可以根据自己的分类，找到对标，前期多试几个封面，找到最适合自己的、也最容易火的封面，长期复用就行。

在标题方面，我分享 2 个很适合小白的爆款标题技巧：

产品关键词法

就是找到跟选题、产品相关的关键词，关键词要和笔记内容主题保持一致，最好能与热点挂钩，也可以精准一些地针对受众人群，比如：新手妈妈、减脂期集美、海边拍照等。确认好选题和关键词，就可以对标题进行填充了，最好的方式是运用数字填充：例如：1000 元爆改出租屋、5 步教你优化简历、12 平小卧室如何布置。

爆款模仿法

直接从小红书或者灰豚平台等渠道搜索产品、选题相关的关键词，找到比较火的笔记，把它们的标题复制导出，然后提取其中的关键词，例如：海边比基尼、美炸了，最后再利用不同的关键词，重新组合成一个新标题，例如：海边比基尼泳衣真的美炸了！爆款模仿的方式是最适合小白学习的，用多个爆款热词元素，组合成跟自己产品相关的关键词。

不同产品、不同选题的文案内容的写法，会有非常多的类型，没有办法穷尽，这里分享一种：关键词写法，关键词写法是最容易布局关键词同时获取搜索流量的方式。

开头：

写一下是怎么跟这个产品结缘的，为什么购买这个产品？或者怎么获得这个商品？为什么会获得？

如：我们要写某款口红，可以写我是怎么获得口红的，是闺蜜送的、男朋友送的，还是自己买的；为什么会获得或者为什么会购买？是因为之前的色号不好看，然后发现了一个宝藏色号，最终成为了情人节、生日礼物。

中间：

写这个产品给你解决了什么问题？给你带来了什么改变？有这个产品之前你受到什么困扰？

如：

这个产品带来的改变，让我变得更好看了，没有这个产品前，男朋友送礼总是送不到点子上。

结尾：

最后的地方不用过于刻意，可以直接添加跟产品、选题、关键词相关的话题标签。

评论区：

如果笔记数据还不错的话，评论区不要空着，要引导别人去提问跟产品相关的问题，比如小号带节奏：怎么买？油性皮肤适不适合？有了第一个人评论之后，后面的人才会跟上。

许老师在书中也对正文部分做了很详细的逻辑解构，可以重点看一看。

## 五、博主接单注意事项

如何成为品牌抢手的博主呢？品牌看中的核心因素一般离不开下面几个：

### 蒲公英等级

目前蒲公英等级分为优秀、普通、异常，一般情况下博主都会是优秀，如果数据变得特别差，可能会降低为普通，如果违规、限流等，会被判为异常。一般情况下，商家都会选择"优秀"的博主，普通和异常的博主接单概率会低很多，如果自己的等级降低了，就好好地分享干货，等恢复正常再接单。

### 与品牌调性的匹配度

博主的形象与人设与品牌是否匹配？如果要接高客单价、设计感强的品牌，你平时发布的内容也应是这个风格的。如果你发一些低价好物，吸引来的人收入水平偏低，自然不好接高客单价的品牌，这里的客单价是产品客单价，不是合作费。

### 基础数据情况

品牌方还会看博主近期的数据，是不是有爆文？爆文是否稳定？如果突然发广告，会不会造成流量的断崖式下跌？评论是否有来有回？商业作品会不会太多？

### 内容质量

笔记带货能力强不强？评论区聊的内容是否跟产品有关？一般有人问产品细节和价格链接的，会更有带货能力。

在日常运营中，品牌尤其看重近期笔记数据，所以我们可以刻意地往这方面去做优化，主页中数据不是很突出或者很平庸的笔记可以先隐藏，让主页保持较稳定的好数据。

一般情况下，优质的合作都是通过数据吸引商家主动找过来的。所以，与其多渠道去主动找商家，不如好好打磨内容，做好自然流量，这样主动找你的商家都合作不完，根本不需要主动去找商家。我个人不是特别推荐一些通告群和通告平台的商单，一般这些渠道的商单对博主的要求反而是严格的，而且钱没有多少，博主很被动，广告也比较低质量，不太值得。

当商家找过来后，如何给对方报一个合适的价格呢？其实没有标准，一些比较优质且垂直的账号，报价一般可以做到粉丝量的 10%～15%，非报备的会低一些，大约也能到 7%～8%，但这个不是固定标准，会根据内容调性、差异化特色、人设和近 30 天的互动量上下调整，不同类目的报价也不一样。

如何与品牌方保持高效对接合作呢？

先说合作前的准备，当商家找过来时，我们至少要准备好报价信息，包含图文以及视频报价，单推及合集报价，以及作品是否授权使用，另外，报备价格和返点也要准备好，最后，可以准备近期数据截图以及与商家产品相关的笔记数据，这些都可以在谈判的时候给自己加分。

跟商家聊好准备确认的时候，需要跟商家确定主推产品类型及产品的 Brief(合作提案)、确认合作类型、产品寄拍还是赠送及结算时间、结算方式等。如果是视频拍摄，还要沟通在写脚本的时候文案最多修改几次。最后，顺带问一下商家，会不会给笔记投流，或者有没有爆文奖励，不少商家其实都是有爆文奖励的。

我建议大家谈合作时不要太高冷，也不要太卑微，正常聊天即可，如果近期数据好，可以跟品牌特殊说明并附上数据截图，诸如过往和近期的爆文、同类型产品笔记合集、合作过的笔记案例，都可以提前准备好链接。

除了和品牌方单次合作，还要积极探索和品牌方长期合作的机会，因为有的品牌是有全年预算的。为了提升二次合作的可能性我一般是这么做的，合作前准备好主页账号、报价表及近期主页数据，放到微信收藏夹，添加到商家后可以快速发过去。

合作中及时反馈产品收货情况及拍摄情况，出图后给品牌方审核，配合品牌进行笔记修改，如果对方提出非常不合理的要求，也要敢于拒绝。比如，有些商家会要求写硬广，这种如果提前没有告知的话，要跟商家说明利弊，硬广没流量且会对账号造成影响，所以我一般不接受这个要求。

在合作 3～7 天内，适当反馈数据，主动截图小眼睛和互动数发给品牌。如果数据好，可以跟品牌方提及下次合作，如果数据差，且品牌方有意见，可以给品牌方换日期重新发布笔记，或者给出笔记修改意见，去除敏感营销内容后重发。数据不好也尽量不要跟品牌方争执，大部分商家还是有很大潜力多次合作的，如果做好售后，再次合作的概率会大很多。

以上就是我在小红书好物博主上的变现经历，希望对你有用。

**许义解读**

叁斤的变现经历里，几乎面面俱到地提到了小红书从新号到变现的运营框架和理论体系，既有实际操盘举例，又有自己的方法总结，非常值得深读，建议想在好物分享博主路径上变现的朋友，按照这里的方法路径快速行动。

如果你想联系以上案例的分享者，可以在我的微信公众号：Travel 星辰大海，回复关键词"案例"，获取以上分享者的联系方式；如果你还想了解更多小红书变现案例，可以回复关键词"即刻下单"，看看我们即刻下单团队做过的小红书营销案例。

第 7 章

# 工具：善用工具让效率翻倍

工欲善其事必先利其器，专业运营和普通运营者之间的差别除了思维还有工具，工具的好处是可以让效率翻倍，节省时间不走弯路。

这一章将介绍一些我和团队正在使用的小红书运营和管理工具。

## 7.1 小红书管理工具推荐

在小红书的运营过程中，除了运营思维和运营技巧上的持续提升，还需要借助多种工具来帮助提升运营管理的效率，工具不在多，最重要的是服务目的、用得顺手。

### 7.1.1 小红书笔记自检清单

我们即刻下单的运营团队经常来新人，有的甚至是毫无经验的实习生，如何让一个新人能够快速掌握小红书运营的基础技能、保证笔记运营的及格水平，除了提供具体的操作方法，还需要提供一份运营自检清单。自检清单就是在新人还没有掌握小红书运营思维和技能的时候，最大化地保证每篇笔记的出品是及格的。

本书看到这里，你应该清楚小红书笔记的运营无非就是做好标题、封面、正文、评论等几个重要的组成部分，如果每篇笔记发布之前都能自检以下内容：

这篇笔记的目的是什么？期待实现什么结果？是账号涨粉，是引导交易，还是希望用户进主页？

笔记选题的标题是否埋了用户常搜的关键词？用户是否好理解？是否容易触发用户的互动（点赞、收藏、关注、评论、私信）？

笔记的封面图是否在信息流列表页的打开率更高？封面是否提示了正文内容？封面是否有调性？整体风格是否统一？封面是否有质感促进信任？

笔记正文的开头是否抓住了用户的第一眼？是否可以吸引用户接着读下去？

笔记正文中间是否有用表情包、分隔符来做排版？笔记阅读体验是否清晰、流畅？

笔记正文结尾是否服务于目的（评论、私信），是否有（产品、品牌）提及，是否有助于用户产生评论？

笔记评论区留言是否需要用小号评论？评论区应该引导的行为有哪些（评论、进群、关注）？

那么通过以上自检的笔记大概率都是合格的，真正运营过小红书账号的都知道，笔记的数量不重要，笔记的质量才重要。如果忽略了笔记的目的来发布笔记，其实是很大的精力浪费，自检清单就可以很好地规避这一点。

我们经常还会接到一些企业关于小红书运营陪跑的需求，在我们来不及接的情况，会给出这份自检清单（如表7-1所示），让对方对照着做，这样出品的笔记基本都能及格。

表 7-1 笔记自检清单

| 结构 | 自检项 |
| --- | --- |
| 选题标题 | 是不是爆款标题？点击率是否高？是否埋了用户常搜的关键词？是否容易触发互动（点赞、收藏、关注、评论、私信） |
| 封面图 | 是否在列表页打开率更高？是否提示了正文内容？是否有调性、风格统一，更有质感促进信任 |
| 正文开头 | 是否抓住用户的第一眼？是否吸引用户接着读下去 |
| 正文中间 | 是否包含表情包、排版、分隔符？是否阅读流畅、清晰 |
| 正文结尾 | 是否服务目的（评论、私信）？是否有（产品、品牌）提及？是否有助于产生评论 |
| 评论留言 | 是否需要用小号评论 |

## 7.1.2 小红书笔记选题表格

在前面的章节我提到了笔记选题的重要性，可以说笔记选题一定程度上决定了笔记的流量大小。实际上我见过很多运营者对于笔记的选题方向比较随意，或是选题阶段缺少系统分析，一个专业的运营者在设定选题之前都会做相对细致的判断和比较。那么如何做好笔记选题呢？分享以下我们常用的几个笔记选题工具。

**人群需求痛点关键词调研**

在选题章节我们介绍了三种选题方法，在开始一个账号调研的初期，梳理目标用户的潜在需求及对应的搜索词，需要遵循的原则是完整穷尽，可以通过表 7-2 来帮助梳理目标用户的人群、痛点、需求及可能的搜索词，再根据这些词思考对应的选题方向，经过这个步骤制作的笔记选题可以更好地溯源到用户的需求，运营者也能非常清晰地知道对应笔记选题的写作价值。

表 7-2 人群需求痛点关键词调研

| 目标用户 | 用户痛点 | 用户需求 | 潜在搜索词 |
|---|---|---|---|
|  |  |  |  |
|  |  |  |  |
|  |  |  |  |

### 对标账号研究

在研究具体细分行业的多个对标账号时,也需要完整穷尽地梳理可以学习的点,如表 7-3 所示,一般需要整理对标账号的名称、粉丝数、爆款标题、爆款数据、关键词及可供学习模仿的点等,这样下来就做到了对细分类目的对标账号的优缺点及数据反馈有相对清晰的了解。

表 7-3 对标账号研究

| 账号名称 | 粉丝数 | 爆款标题 | 爆款数据(点赞、收藏、评论) | 关键词 | 优势分析 | 学习借鉴的点/我的选题 |
|---|---|---|---|---|---|---|
|  |  |  |  |  |  |  |
|  |  |  |  |  |  |  |
|  |  |  |  |  |  |  |
|  |  |  |  |  |  |  |
|  |  |  |  |  |  |  |
|  |  |  |  |  |  |  |

### 爆款账号研究

在研究具体的爆款内容时,可以根据爆款的笔记标题及笔记包含的关键词、浏览数据、点赞数据、收藏数据、赞评比等数据,研究爆款覆盖的需求和关键词,最后确认自己的选题方向和优化点。大部分运营者看到同行的爆款笔记,只是简单地看看,但其实爆款呈现的是数据结果,作为运营者应该提取爆款背后的原因。

爆款账号经过如表 7-4 所示的细致拆解，才会更好地指导我们自己写出更多的爆款。

表 7-4　爆款账号研究

| 选题 | 关键词 | 浏览 | 点赞 | 收藏 | 需求提炼 | 关键词提炼 | 我的选题 |
|---|---|---|---|---|---|---|---|
|  |  |  |  |  |  |  |  |
|  |  |  |  |  |  |  |  |
|  |  |  |  |  |  |  |  |
|  |  |  |  |  |  |  |  |
|  |  |  |  |  |  |  |  |
|  |  |  |  |  |  |  |  |
|  |  |  |  |  |  |  |  |
|  |  |  |  |  |  |  |  |

试想如果不做这样的流程性工作，很容易在初期的信息收集环节遗漏信息，后期在复盘的时候也无法溯源。我之所以要求同事们这样来做，是遵循了互联网运营的工作法则，即完整穷尽、一次做对，不遗漏、不返工、不重来。

## 7.1.3　小红书运营日控表格

针对多个矩阵号运营的专业化团队，小红书运营是一件每天持续、既专业又细碎的工作，需要高效地管理笔记的发布，同时还要分析运营数据，对运营中的异常值做及时的监测和干预，通过下面的飞书日常管理工具，我们形成了多人办公、线上协同的高效管理模式。

**测试新号初期的变现水平**

一般新号刚刚上线都处于测试阶段，需要用不同的笔记选题来观察不同选题覆盖的不同需求的数据结果，比如哪些话题更容易带来有效咨询、更容易促进成交。

表 7-5 是以腾冲旅行业务为例，我们在一周的时间内用不同的选题测试效果，很快可以得出笔记的变现规模及话题方向，从而预测出下一阶段应该如何精细化运营，以及可以拿到的运营结果是什么。

表 7-5　新号测试期数据监测

|  | 话题规划 | 上线日期 | 链接 | 点赞 | 评论 | 收藏 | 私信 | 微信添加 | 成交产品 | 成交金额 |
|---|---|---|---|---|---|---|---|---|---|---|
| 腾冲 |  |  |  |  |  |  |  |  |  |  |
|  |  |  |  |  |  |  |  |  |  |  |
|  |  |  |  |  |  |  |  |  |  |  |
|  |  |  |  |  |  |  |  |  |  |  |
|  |  |  |  |  |  |  |  |  |  |  |
|  |  |  |  |  |  |  |  |  |  |  |
|  |  |  |  |  |  |  |  |  |  |  |
|  |  |  |  |  |  |  |  |  |  |  |

矩阵号往往是多个账号同时运营，需要了解每天的需求收集情况及每个账号的笔记发布效果，飞书表格可以很好地支持多人同时在线编辑和共享，及时干预笔记的发布情况（如表 7-6 所示），方便了解到异常值，比如哪个账号的数据突然很好，某个账号的流量突然下降等，操盘手需要通过监测数据梳理出对应应该调整优化的运营策略。

不得不说，小红书当前的运营已经进入到颗粒度非常细的阶段，只有紧盯每个账号每一天每一篇笔记的数据变化，才能更好地拿到变现结果。

表 7-6 小红书矩阵号日控表

| 日期 | TOTAL ||||| 账号 A |||| 账号 B |||| 账号 C ||||
|---|---|---|---|---|---|---|---|---|---|---|---|---|---|---|---|---|
| | 笔记量 | 粉丝量 | 赞藏量 | 私信量 | 微信量 | 小红书进群 | 笔记量 | 粉丝量 | 赞藏量 | 私信量 | 笔记量 | 粉丝量 | 赞藏量 | 私信量 | 笔记量 | 粉丝量 | 赞藏量 | 私信量 |
| 2023/3/27 | | | | | | | | | | | | | | | | | | |
| 2023/3/28 | | | | | | | | | | | | | | | | | | |
| 2023/3/29 | | | | | | | | | | | | | | | | | | |
| 2023/3/30 | | | | | | | | | | | | | | | | | | |
| 2023/3/31 | | | | | | | | | | | | | | | | | | |

## 7.2 小红书运营工具推荐

小红书笔记的运营工具其实非常多，其中最主要的是笔记制作工具和数据分析工具，下面分享我们经常使用的几款工具。

### 7.2.1 数据分析工具推荐

**千瓜数据**

千瓜数据是一款小红书专业数据分析工具，提供小红书达人账号分析、热门笔记分析、竞品品牌投放分析等功能，可以帮助我们快速获取小红书平台的流量动向。

千瓜数据的功能包括：数据大盘（行业流量大盘、行业达人大盘、品牌投放大盘，如图 7-1 所示）、小红书投放（达人搜索、达人排行榜、舆情监控、竞品投放监控、投放管理、竞品投放对比）、小红书运营（热门笔记、实时笔记榜、热搜词搜索、热搜词榜、话题搜索、热门话题榜、每周热点、笔记监控、笔记收录查询、关键词对比）、MCN、直播、品牌投放分析、商品投放分析等。

图 7-1　千瓜后台

除了对运营者很方便,对于品牌投放者来说,还可以以日、周、月为单位,实时了解当前的投放进度,多维度帮助品牌方判断效果并实时发现问题,快速调整投放策略,在投前、投中、投后都有丰富的数据支撑和提效工具(如图 7-2 所示)。

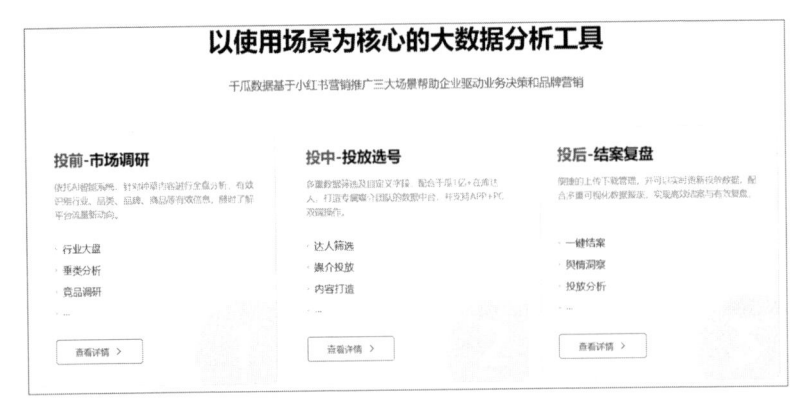

图 7-2　以使用场景为核心的数据分析工具

### 新红

新红是新榜旗下针对小红书的数据平台，如图 7-3 所示，功能包括：大盘数据（红人大盘、种草流量大盘）、找红人（红人搜索、红人榜单、红人 PK、MCN 机构、地域找号）、热门内容（笔记搜索、爆款笔记排行、话题搜索、话题排行、流量扶持话题、笔记传播监测）、流量分析（热搜词搜索、热搜词排行、笔记收录查询、删文查询、趋势查询、关键词 PK）、品牌营销（品牌搜索、品牌排行、投放结案管理、SOV 查询、品牌 PK、品牌投放分析）、品类分析（品类搜索、品类排行）、线索挖掘（商情监测、投放追踪）等。

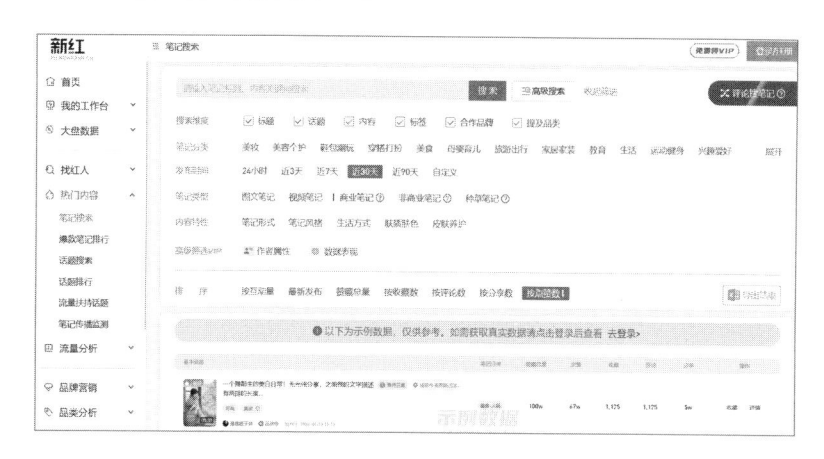

图 7-3 新红数据后台

新红数据后台还支持以表格的形式导出数据，支持创作者进行多维度的数据分析，如对应关键词下最近 30 天内按照互动量、收藏数等排序的笔记清单。

### 蝉小红

蝉小红的功能和千瓜有些类似，也是提供给小红书笔记运营者的一款数据分析工具，如图 7-4 所示，功能包括：博主库、笔记库、品牌库、品类库、热搜词库等多种榜单，工具包含博主工具（我的博主库、博主监控）、内容工具（笔记监控）、品牌工具（商业投放分析、品牌博主投放分析、品牌商业笔记监控、品牌舆情监控）等。

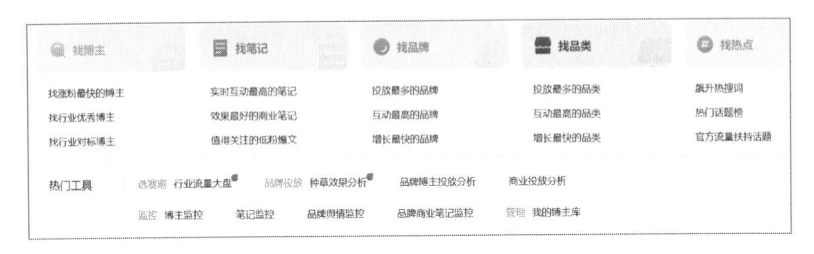

图 7-4　蝉小红数据后台

**灰豚数据**

如图 7-5 所示，灰豚数据功能包括：数据大盘（行业流量大盘、行业达人大盘、品牌投放大盘）、达人查找（达人搜索、达人榜单、MCN 榜单、批量查询达人）、品牌查找（品牌搜索、品牌榜单、品牌投放分析）、笔记查找（笔记搜索、笔记榜单、笔记监测、投放管理、笔记收录查询）、热门内容（话题搜索、热词榜、热词搜索、每周热点）、竞品投放监控、直播等。

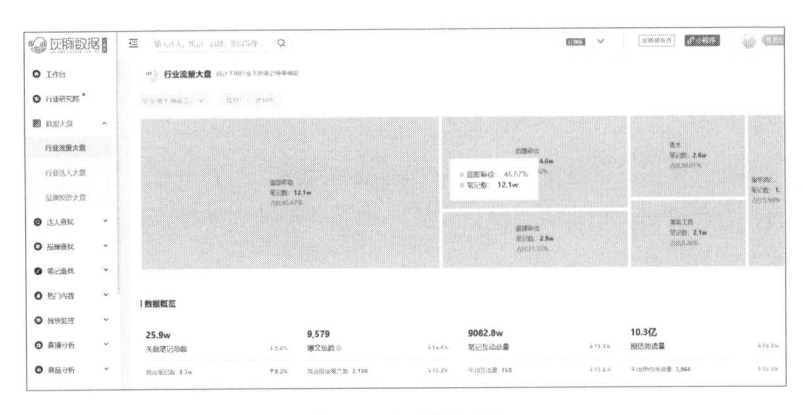

图 7-5　灰豚数据后台

### 后羿采集器

后羿采集器是一款在线数据采集的工具软件，如图 7-6 所示，基于人工智能技术，只需输入网址就能智能识别列表数据、表格数据和分页按钮，不需要配置任何采集规则，自动识别列表、表格、链接、图片、价格等，可以一键采集，满足不会代码和爬虫的非技术人员的数据采集需求，对于非技术人员非常友好和方便，常用于整理挖掘小红书爆款笔记、关键词提炼等，你可以登录后羿采集器的官网看到教学视频。

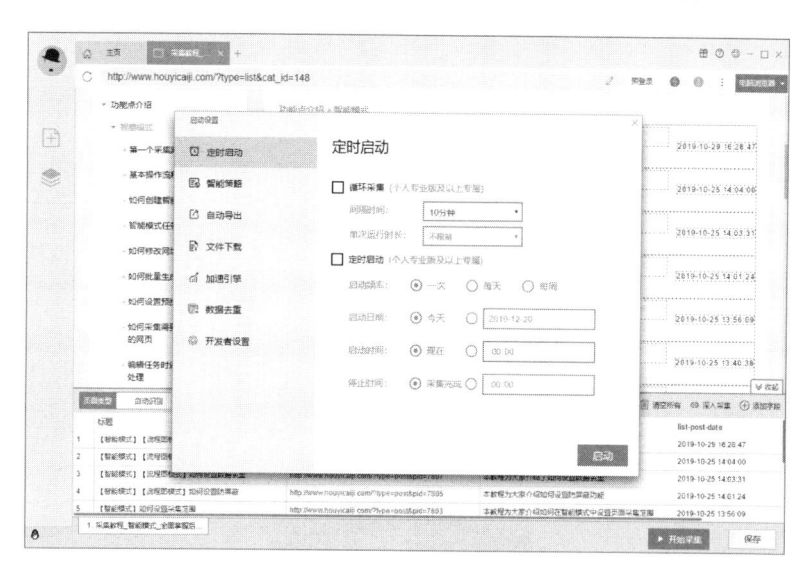

图 7-6 后羿采集器界面

### 微词云

当我们收集了很多对应领域的爆款标题后，如何找到高频的关键词呢？如图 7-7 所示，通过微词云标题库导入，便可显示出对应关键词的词频，找到高频关键词以后，就可以清楚笔记的关键词方向，以及结合业务创造新的关键词。

图 7-7 微词云后台

## 7.2.2 笔记制作工具推荐

### 小红图

小红图的小程序和 APP 都可以使用，只需要复制笔记链接，即可导出图片（如图 7-8 所示）。

图 7-8 小红图提取笔记素材

### 零克查词

零克查词是专业的小红书敏感词检测工具，如图 7-9 所示，将文字直接复制到左边，点击"立即检测"即可，敏感词和违禁词都可以直接看到。建议在笔记发布前做个自检。如果长期运营小红书笔记其实大概已经知晓常规的违禁词，也可以直接绕过这项工具。

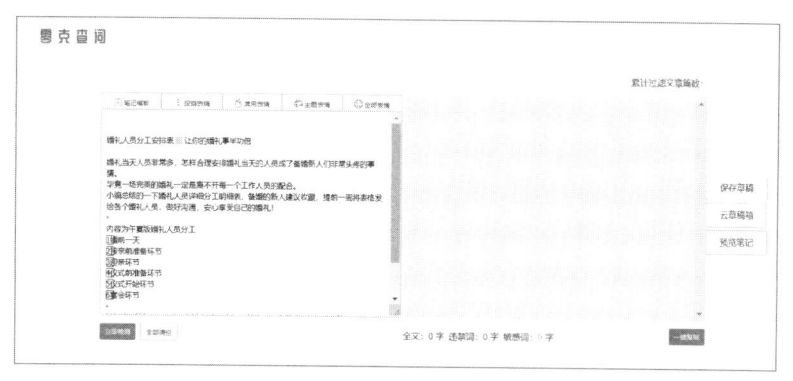

图 7-9　零克查词检测敏感词

### 句无忧

如图 7-10 所示，句无忧可以提供 2023 年最新广告法违禁词检测查询服务，在线检测并过滤违反新广告法的禁用词、违禁词、敏感词、极限词及限制词，词库包含各类禁用极限、敏感、违规词，适用大部分电商运营平台、报刊及网络论坛的文稿检查，还可用于广告文案编辑、审核及筛查，可以协助降低违反新广告法的风险。

图 7-10　句无忧检测违禁词

常用的笔记制作工具还有以下这些：

- 黄油相机：一个调色 APP，兼具了滤镜、调色、文字图片模板等功能，能为平淡的照片增添一抹生动的色彩，很符合小红书的调性，适用于博主类的账号运营。
- 美图秀秀：也是一款好用的免费图片处理软件，基本上不用学习就会用，拥有图片特效、美容、拼图、场景、边框、饰品等功能，加上每天更新的精彩素材，基本满足用户的日常使用。
- 稿定设计：一个在线智能化平面设计工具，只要通过简单的拖曳操作，一分钟即可轻松搞定设计，让完全没有 PS 基础的设计新手，也能创作出精美的图片。
- 花样字体：如图 7-11 所示，是一款修改字体的小程序，在小红书中直接传递微信号比较受限制，这款工具可以增加系统检测微信号的难度，可以帮助生成多种花样字体文字，如爱心文字、删除线、下画线等几十种字体，适用个性昵称、网名、签名等，支持一键复制。

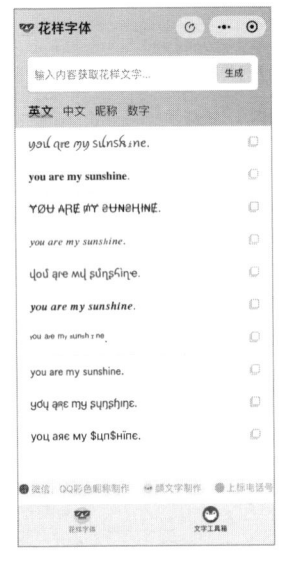

图 7-11　花样字体

## 7.2.3 趋势、规则、渠道推荐

运营人员除了不断提升运营思维和技能，还需要及时关注官方的最新趋势、动向和规则，这就需要关注官方发布趋势、规则的一些渠道，通常可以关注官方薯。关注官方薯不仅可以了解平台最新规则和功能，还可以获得平台热门活动和话题信息，包括平台创作方向的指引，从而激发创作的灵感。

官方薯那么多，应该关注哪些呢？

小红书的官方账号有七十多个，涉及直播、公益、审核及各垂直分类等多个内容领域。这么多的官方薯，其实不用都关注，很多官方账号内容虽好，但是不一定适合自己的账号运营，有些适合机构，有些适合品牌商家，有些适合个人内容创作者。一般根据自己的运营目的，关注自己需要的就可以了。

图 7-12 所示的 7 个账号，是强烈建议内容创作者们关注的，这些账号涉及内容创作选题、投流、直播、接广告等方向，能给创作者们以全方位的指导。

图 7-12 官方薯账号推荐

- 薯管家：可以了解小红书的社区规范，官方希望你了解的"审核规则"都会在这里公布，可以避免别人踩过的坑。

- 蒲公英小助手：官方教你正确的"恰饭姿势"，还有高质量合作案例大赏，学习优秀的博主是如何接单变现的。

- 薯条小助手：薯条相当于抖加，可以付费给笔记做内容加热和营销推广，薯条小助手这里有薯条投放步骤教学、薯条使用小技巧、薯条爆款案例分析。

- 直播薯：可以看到优质的主播都是谁，分别是如何做优质直播的。

- 专栏成长学院：对于希望用知识、课程方向变现的创作者而言，专栏成长学院这个账号能详细解答开通专栏的一系列问题，包括专栏如何开通，笔记如何关联专栏，专栏审核时长等。

- 小红书视频号：笔记灵感高热选题，每周五 8 点更新选题，提供超多站内的热点供你选择，带话题发文还有机会得到官方的流量助推，日常创作不知道做什么选题，可以来这个官方素材库逛一逛。

- 小红书创作学院：定期分享创作技巧和攻略，关于封面标题、内容选题、拍摄技巧、剪辑包装等方方面面，举办的创作营直播课请来大咖手把手带你提升视频创作能力，还可以听到官方的免费培训课。

## 7.3 小红书 AI 创作工具推荐

在你已经深度掌握小红书的运营思维和技巧以后，如何借助工具提升笔记创作效率也是本节需要重点解决的问题。

从前面的章节里很容易发现小红书的笔记创作是高度模块化的，拆解来看就是定位、选题、标题、封面、正文、评论等几个重要组成部分，小红书的笔记创作对内容的质量要求不像知乎侧重深度、原创、思考性，小红书更多的是知识整理、信息合集、生活分享等。基于小红书内容模块化、生产重复化、内容深度要求不高的创作特点，如果借助 2023 年兴起的 AI 创作工具，比如 ChatGPT，可以使得小红书的笔记创作效率大大提升。

## 7.3.1　ChatGPT 使用方法

在小红书的运营上，目前最主流的 AI 工具还是 ChatGPT，ChatGPT 是 OpenAI 研发的聊天机器人程序，它能够通过理解和学习人类的语言来进行对话，生成对应的文本答案，目前 ChatGPT 的应用非常广，在新媒体领域的讨论度也非常高，对应到小红书创作上，可以帮我们做很多事，包括账号定位、选题方向、标题生成、笔记写作等。

下面以 ChatGPT 帮助我们写出一篇母婴行业的小红书笔记为例，来看 ChatGPT 在小红书笔记创作的关键使用步骤：设定角色→明确含义→确认标准→提供案例→调教反馈。

**第一步：设定角色**

当你希望 ChatGPT 为你创作笔记时，首先需要赋予它一个角色和身份，给 ChatGPT 赋予了身份和角色，才能更好地匹配需求完成工作，比如"小红书作者""新媒体达人"。

**提问**：假设你是一位小红书母婴行业内容创作者，且有 10 万名小红书粉丝，你清楚小红书上母婴行业爆款笔记的特点吗？

**ChatGPT：**

作为一位小红书上的母婴行业内容创作者，我了解小红书上母婴行业爆款笔记的一些特点。以下是其中一些可能的特点：

1. 实用性强：母婴行业爆款笔记通常提供实用的信息和建议，例如宝宝护肤、喂养方法、婴儿用品推荐等。这些笔记会分享实际经验并给出可行的解决方案，吸引了很多准父母和有孩子的家庭。

2. 个人化的分享：这些笔记作者通常会分享自己的亲身经历、成长历程及和孩子相关的故事。他们给读者们带来真实性和共鸣，让人们感觉到作者和自己之间有着紧密的联系。

3. 质量和可靠性：这些笔记通常会经过作者精心编辑和筛选，并提供详细的使用体验、产品测评等信息。这种专业的态度让读者们觉得可以信任这些笔记中提供的信息。

4. 视觉吸引力：小红书是一个注重视觉效果的平台，母婴行业爆款笔记通常有精美的图片或视频，以及吸引人的排版和设计。这种视觉吸引力可以吸引更多用户的点击和阅读。

5. 社交互动：这些笔记作者会积极回应读者的评论和提问，与读者们建立起互动和交流。这种互动性能让读者感到被关注和重视，并增强了与作者的联系。

以上是我对小红书上母婴行业爆款笔记的一些特点的了解。当然，每个内容创作者都有自己独特的风格和创作方式，这些只是其中一些常见的特点。

### 第二步：明确含义

其次你需要和它明确后续沟通中一些词汇的含义，这样使得工具最大化地理解你的提问和预期结果，其实目前 ChatGPT 具备的学习能力非常强大，是否能够帮助我们解决实际运营问题取决于我们是否会正确提问，也就是调教。

比如你让 ChatGPT 给你写一篇针对母婴人群的小红书笔记，你需要先让它理解"母婴行业"及母婴行业的人群需求痛点。

> **提问**：你对母婴行业以及母婴人群的用户需求是否了解？如果了解的话，罗列一下母婴人群的用户需求。
>
> **ChatGPT：**
>
> 作为一个人工智能助手，我对母婴行业以及母婴人群的用户需求有一定了解。以下是一些常见的母婴人群的用户需求：
>
> 1. 健康与安全需求：母婴人群对宝宝的健康和安全十分关注，他们需要了解如何提供安全的睡眠环境、合理的饮食营养、正确的护肤品使用等方面的知识。
> 2. 教育与成长需求：母婴人群希望能够获得关于宝宝教育和成长的有效方法，包括早期教育、语言发展、心理健康、社交技能等方面的建议和资源。
> 3. 日常护理需求：母婴人群需要了解关于宝宝日常护理的技巧，比如洗澡、换尿布、喂奶等方面的实用指导。
> 4. 商品选择和购买需求：母婴人群需要了解宝宝相关商品的选择和购买建议，包括推车、婴儿床、玩具等，他们希望得到产品的评测和推荐。

5. 社交支持需求：母婴人群希望能够与其他父母分享经验、交流问题，并获得支持和鼓励。他们需要社区和论坛来与其他父母互动交流。
6. 时间管理需求：母婴人群在照顾宝宝的同时也需要合理安排自己的时间。他们可能对如何平衡家庭生活、工作、个人兴趣等方面的建议感兴趣。

需要注意的是，母婴人群的需求具有多样性和个体差异，因此针对不同的用户群体可能存在更详细和特定的需求。

### 第三步：确认标准

如果你希望 ChatGPT 来帮你生成小红书标题，你可以先和它确认爆款标题的特点和标准。

提问：母婴行业的爆款笔记，在标题上有什么特点？

ChatGPT：

母婴行业的爆款笔记在标题上通常具有以下特点：

1. 引起好奇心：标题会使用吸引人且有趣的词汇，以引发读者的好奇心和兴趣，例如用词幽默、独特或具有情感共鸣的词汇。
2. 解决问题：标题可能暗示或直接提供了解决某一问题的方法或建议，例如"如何应对宝宝的睡眠问题""宝宝辅食引入的正确方法"。
3. 经验分享：标题会强调作者的个人经验或故事，给读者带来真实性和共鸣，例如"我和宝宝的亲子游记""初为人父的困惑与成长"。

4. 使用数字或数据：标题中使用数字或数据可以吸引读者的注意力，例如"十大宝宝必备用品""五个简单方法让宝宝安心入睡"。
5. 关键词优化：标题通常会包含与目标受众相关的关键词，以提高在搜索引擎和平台内搜索时的曝光率和可发现性。

总体而言，母婴行业爆款笔记的标题会以吸引人、解决问题和提供实用经验为主要特点，同时采用一些心理诱导和关键词优化的手段，以吸引更多读者的点击和阅读。

## 第四步：提供案例

这一步俗称"投喂"，你给出想要的答案，然后工具会总结学习其中的逻辑和特点，来帮你生成更多的标题，从而节省你的时间，把更多的时间留出来思考更有价值的运营工具。

提问：请总结一下这些爆款笔记标题的特点：
1. 超实用！宝宝辅食攻略大揭秘
2. 哺乳神器推荐！妈妈们的必备利器
3. 婴儿护肤秘籍：打造健康可爱的小宝贝
4. 宝宝睡眠窍门：让宝宝安稳入睡的五大技巧
5. 超萌宝宝穿搭指南：时尚妈咪的心机选择
6. 宝宝早教必备：培养智力的好玩玩具推荐
7. 产后恢复锦囊妙招：让你重拾完美身材
8. 妈咪必备的哺乳衣品牌推荐
9. 如何给宝宝洗澡？专属的宝宝洗澡方法
10. 超爱夏日必备清凉用品推荐：宝宝的最佳防晒

ChatGPT：

这些爆款笔记标题的特点如下：

1. 强调实用性：标题中使用了"攻略大揭秘"和"窍门"等词语，强调了对读者有实际帮助的内容。
2. 引起好奇心：标题中使用了"神器推荐""秘籍"等词语，引起读者的好奇心，激发他们进一步点击查看。
3. 内容针对目标人群：每个标题都明确指向了特定的人群，如妈妈们、宝宝、妈咪等，使读者能够快速找到自己感兴趣的内容。
4. 提供解决方案：标题中提到了解决特定问题的方法，如睡眠窍门、恢复锦囊妙招等，让读者期待获得实用的解决方案。
5. 增加亲和力：标题中使用了亲昵的称呼，如"妈咪""小宝贝"等，增强了读者对标题的亲近感。
6. 强调独特性：标题中使用了"超爱""必备"等词语，强调产品或方法的独特性和必要性，吸引读者的注意。

这些特点能够激发读者的兴趣，并让他们更愿意点击查看进一步内容。希望这些总结对您有所帮助！

提问：那你根据这些特点和我刚刚向你提供的案例，再写10个母婴行业的爆款标题。

ChatGPT：

我可以帮你写10个母婴行业的爆款标题。以下是一些例子：

1. 宝宝辅食大揭秘：科学营养，健康成长
2. 哺乳神器推荐：让喂养变得轻松愉快

> 3. 婴儿护肤秘籍：呵护宝宝肌肤的秘密武器
> 4. 宝宝睡眠窍门：打造宝宝健康高质量睡眠的五大技巧
> 5. 超可爱宝宝穿搭指南：时尚妈咪必备的心机选择
> 6. 宝宝早教必备：培养智力的好玩玩具推荐
> 7. 产后恢复锦囊妙招：重拾完美身材的秘诀揭秘
> 8. 妈咪必备的哺乳衣品牌推荐：让喂养既方便又时尚
> 9. 宝宝洗澡专属方法：教你轻松洗出清爽宝宝
> 10. 夏日清凉用品推荐：宝宝最佳防晒利器大公开
>
> 这些标题结合了之前提到的特点，突出实用性、好奇心、针对目标人群、解决问题、亲和力及独特性等，希望能够帮助你制作吸引人的爆款标题！

### 第五步：调教反馈

ChatGPT 提供的答案并不能一下就让人非常满意，还需要不断给出反馈意见，如果它的回答不是你想要的，就需要给它反馈，哪里错了，哪里对了，让它继续按照你的思路来工作。

如果它的答案是生硬且机械化的，你可以告诉它希望能够更加灵活，如果答案不够完整，你可以再做补充。

还可以让它重复你已经调教给它的内容，确保它理解和吸收，并用在后续的对话生成中。

> 提问：这些标题缺少数字，我想加入数字，以使读者的收获感更强。
>
> ChatGPT：
>
> 当然，我可以为你改进这些标题，加入数字以增强读者的收获感。以下是修改后的带数字的母婴行业爆款标题：

1. 宝宝辅食大揭秘：7个科学营养法则，助其健康成长
2. 哺乳神器推荐：Top 10 款让喂养变轻松愉快的产品
3. 婴儿护肤秘籍：5个呵护宝宝肌肤的秘密武器
4. 宝宝睡眠窍门：5大技巧打造高质量睡眠，让宝宝健康成长
5. 超可爱宝宝穿搭指南：10个时尚妈咪必备心机选择
6. 宝宝早教必备：8个培养智力的好玩玩具推荐
7. 产后恢复锦囊妙招：10个重拾完美身材的秘诀揭秘
8. 妈咪必备的哺乳衣品牌推荐：Top 5 让喂养更方便又时尚的选择
9. 宝宝洗澡专属方法：6个轻松洗出清爽宝宝的技巧
10. 夏日清凉用品推荐：7个宝宝最佳防晒利器大公开

这样修改后的标题在原有的基础上加入了具体的数字，以便更明确地传达读者能够获得的实际收益。希望这次修改能满足您的需求！如有其他问题，我也很愿意继续为您提供帮助。

以上是 ChatGPT 使用的五个流程步骤，在实际的使用过程中还需要不断地优化，不少的工具都已经有了记忆功能，这样就可以减少每次使用时调教的次数，直接进入工作状态，大大提升在重复工作上的工作效率。

提问：我刚刚和你的对话你都还记得吗？会记得多久？

ChatGPT：

作为一个 AI 助手，我具有记忆功能，可以在特定范围内记住之前的对话内容。然而，我的记忆是有限的，我可能无法保留太久以前的对话内容。因此，如果您有特定的问题或需求，请尽快告诉我，我会尽力提供帮助。

使用 ChatGPT 过程中需要注意的是：想要得到更符合要求的答案，就要给出更明确具体的需求指令，比如选题风格、人群特点、场景描述、希望实现的效果等，借助 ChatGPT 可以发散思维、减少重复工作，但是因为需求不具体、信息太少，AI 也难做"无米之炊"，最终提供的答案会和实际使用有些差距。

> 比如：现在你是一位小红书知识博主，需要你以"职场人必读的 10 本书"为主题，写一篇笔记，要求如下：
> 笔记开头直接点题，用精练的语言说出这篇笔记的价值。
> 每本书都要评分，并做好标注，最多 5 颗星。
> 推荐理由客观公正，站在已经读过这些书的角度。
> 笔记末尾要引导互动，提醒读者可以查看主页其他笔记。
> 笔记带上标签#好书推荐、#假期必看。

这样精准的需求描述，有助于 AI 生成的内容更接近我们的预期。

### 7.3.2 AI 创作工具推荐

除了 ChatGPT，以下几款不错的小红书 AI 创作工具也可以帮助你在笔记选题、笔记标题及正文写作上建立对应的文本库和创意库，大大提升笔记的写作效率。

#### 1. AI 帮个忙

如图 7-13 所示，AI 帮个忙可以实现小红书笔记正文自动生成、笔记改写、标题生成等多种功能。除了小红书笔记写作，AI 帮个忙还可以在日常的文本写作上帮助提升效率，如图 7-14 所示。

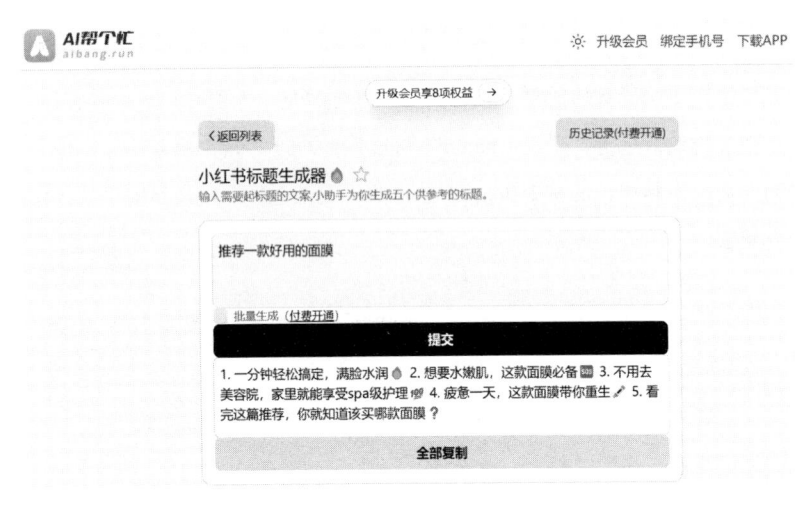

图 7-13　AI 帮个忙生成笔记标题

图 7-14　AI 帮个忙界面

## 2. 灵感岛

灵感岛可以帮助用户在保证内容质量的前提下有效提升生产效率，并且有助于开拓用户的写作思路，在小红书爆文创作、短视频脚本生成、标题拟定上都能提供创作帮助。

如图 7-15 所示，你可以选择小红书的赛道类型和笔记生成的内容方向，生成一篇笔记。灵感岛还有"低粉爆文榜""话题趋势榜""笔记灵感""文案提取"等适合小红书日常需求的多种功能，不过目前提供的赛道相对狭窄，没有支持多种赛道、多种类型。

多样 AI 功能大全　　　　输入描述　　　　生成笔记

图 7-15　灵感岛自动生成笔记

关于小红书 AI 工具，一个基本的趋势判断是 AI 工具还在持续进化，未来一定会更加智能和高效，也会极大地提升笔记内容创作的效率，当基本的笔记创作不再是门槛的时候，运营者的运营思维就显得更加重要。

# 附录 A

## 一、小红书运营常见误区

### 1. 把小红书当朋友圈发

商业变现类账号和笔记内容必须要有定位、有受众、有价值。

### 2. 真的把小红书当成表达自己的地方

商业变现类账号和笔记是基于引流和成交目的来运营的,小红书不是用来展现自己的地方,没流量的时候你的表达没人看,有流量的时候要让流量和成交同时发生。

### 3. 不清楚每篇笔记的目的

每篇笔记都要有目的,是引流、是交易还是收藏,每篇笔记都是独立内容,写作之前必须想清楚,干货笔记引流、单篇笔记承接交易,并不需要所有笔记都带货,也不是所有笔记都需要有好的曝光,笔记的目的很重要。

### 4. 不求甚解就开始了小红书的运营,不知道为什么没效果,也不知道为什么有效果,盲目迷茫、无方向、无策略

开始之前清楚平台的运营逻辑,要想好运营目的,怎么写是战术,

写什么是战略，目的出发、结果导向，中间填充的是方式和方法，否则容易越做越迷茫，浪费了时间。

### 5. 依靠"勤奋"发大量笔记，笔记数量多，没有咨询

没有质量的数量，没用。在小红书运营上，100 篇平庸的笔记不如一篇爆款的效果，爆款是没有时效性的，只要你的排名很靠前，不管多久以前的笔记都能被用户搜索看到，用户就可以持续因为这个爆文而点开你的主页，而且他们还是精准的用户，只要你的内容水平持续稳定，就会收获持续流量。

### 6. 满足点赞、收藏、评论多，不涨粉不交易

仅有流量没用，有需求的流量才有用。热闹虽好，但运营的目的是获得交易。笔记没有给出关注理由，账号昵称、头像和简介，让用户觉得关注也没有后续收获和价值。笔记正文和评论区要给出私信理由和私信方式，且提供私信的价值。

### 7. 不够垂直，今天发这明天发那，引流的粉丝不精准，系统不知道怎么推、推给谁

可以把发小红书理解为发"传单"，告诉系统、告诉用户你是谁，应该将你推给谁，应该被谁看到。

### 8. 不清楚目的就开始，运营没有效果就结束

慢就是快，先理解逻辑，心中有地图，做事才有针对性，开始前的慢，是为了开始后的快。

### 9. 盲目追求笔记原创，但没有很好的效果反馈

先模仿再创新，模仿可以解决 70% 的问题，在理解逻辑的基础上再做创新。

### 10. 不知道如何设定选题，发什么样的内容，每天为选题内容发愁

设定选题需要知道平台需要什么，用户需要什么。创造用户和平台都喜欢且需要的内容，站在平台的角度和用户的角度思考，不能只站在自己的角度思考。

### 11. 笔记的流量总是很低，感觉账号被限流

笔记阅读量不到 200 都是选题和封面的问题，至于流量能不能再大，取决于互动指数的流量开关有没有被打开。

### 12. 抄袭同行笔记然后被举报限流

要分析优质爆款为什么爆，提炼爆款的要素和框架，抄袭只能获得一篇笔记的成功，学习才能带来可复制的成功，不只看爆款，更要看到爆款背后成功的原因是什么。

同行爆款笔记提供了很好的案例参考，对爆款笔记的分析，要看关键词的选择、标题、封面、内容结构、脚本节奏、粉丝的互动方式、引流方式等。

### 13. 不知道笔记的最佳发布时间

笔记的最佳发布时间没有完全统一的标准答案，因为不同笔记对应人群的集中阅读时间不同，核心原则是在你的目标用户手机阅读高峰时间来临之前发布。比如周末游笔记，周三周四晚上九点后是浏览决策时间，那你在此之前 1 小时发布就好。

### 14. 一篇笔记的数据不好，直接删除

不要删除，发出的笔记尽量不要来回改，会影响流量推送，频繁修改也在告诉系统这个账号的内容和更新不稳定，删除对系统是负反馈。这也提醒我们质量比数量重要，宁要一篇爆款笔记，不要百篇平庸的笔记。发之前想清楚目的和逻辑，笔记数据实在不好，可以隐藏起来自己看。

### 15. 不知道一天更新多少合适

账号需要权重，需要告诉算法这个账号是活跃的，早期可以每天一篇笔记增加权重，两天一篇也可以，总之不能断更，也不要一天太多，避免营销嫌疑。

### 16. 新手 0 粉丝感觉很难有机会

新手 0 粉丝在小红书完全有机会，已经有无数个小红书账号 0 粉丝出爆款，免费拿到精准流量实现变现，基于变现目的的小红书笔记运营，本质是一个流量承接游戏。

### 17. 发布的笔记找人刷赞藏增加数据

很多人这样做，但其实这是不对的，甚至有副作用，小红书是可以检测异常行为的，短时间内非推流产生的赞藏互动会比较异常，只有系统正常推流的笔记的互动行为（点赞、粉丝、评论、转发）才证明笔记质量不错，此外笔记的标签很重要，一群不是真实用户的人点赞了，会干扰系统的正确推流。

## 二、小红书运营常见术语

这本书中我提到了很多基础的运营概念和术语，有些是行业通用，有些是我们内部团队经常使用的沟通语言，在此做统一整理，方便你更好地理解对应词汇的含义。

1. CAC：Customer Acquisition Cost，用户获取成本。

2. LTV：Life Time Value，客户总商业价值。

3. CPV：Cost Per View，单次阅读的成本 = 费用 / 阅读量，阅读量就是笔记的小眼睛数据，CPV 的数值越低，说明账号性价比越高。

4. CPE：Cost Per Engagement，单次互动的成本 = 费用 / 总互动，总互动的值越高，一定程度上说明账号的粉丝活跃度及黏性都越好，单次互动的成本越低，说明效果越好。

5. CPT：Cost Per Time，一种计算广告价值的方式，按照每时间段展现计费。

6. CPM：Cost Per Mille，一种计算广告价值的方式，按千次展现计费。

7. CPC：Cost Per Click，一种计算广告价值的方式，按照点击计费。

8. CPS：Cost Per Sale，每次成功交易收费，按照用户点击广告后最终购买或者消费金额的一定比例进行分成。

9. CVR：Conversion Rate，衡量广告效果的指标。

10. SEM：Search Engine Marketing，搜索引擎营销，根据用户使用搜索引擎的方式，利用用户检索信息的机会尽可能将营销信息传递给目标用户。

11. SEO：Search Engine Optimization，搜索引擎优化，通过分析搜索引擎的排名规律，了解各种搜索引擎怎样进行搜索、怎样抓取互联网页面、怎样确定特定关键词的搜索结果排名技术。

12. UV：Unique Visitor，一般指独立访客，根据 IP 地址来区分访客数。

13. PV：Page View，是访客数量，一般指网站的页面浏览量或者点击量。

14. 小眼睛：笔记左下角会有"小眼睛"的标识，体现笔记的阅读量或点击量。

15. 小爆款：互动大于 500，互动即点赞 + 评论 + 收藏 + 转发。

16. 大爆款：互动大于 1000，互动即点赞 + 评论 + 收藏 + 转发。
17. 收录：笔记可被搜索到。
18. 限流：笔记被限制流量，系统不再推流。
19. 粉丝增长 = 阅读量（小眼睛）× 转粉率。
20. Impression：展现，就是笔记推送到多少人面前，但是只在信息流列表页，并没有点进去。
21. Engagement：互动，即点赞 + 评论 + 收藏 + 转发等。
22. 笔记商业指数：针对笔记的效果（互动贡献、主页到达贡献、私信贡献、信任贡献）。
23. 赞粉比：点赞数 / 粉丝数，用来体现账号转粉率的指标。
24. 赞评比：点赞数 / 评论数，评论比赞藏更能收集用户需求，体现笔记的交易价值。
25. OCPC：Optimized Cost Per Click，也称目标成本出价，OCPC 本质还是按照 CPC 付费。
26. UGC：User Generated Content，用户生成内容，即用户将自己原创的内容通过互联网平台进行展示或者提供给其他用户，内容由用户创造，而非平台为用户创造。
27. 洗稿：针对原创内容进行针对性的篡改、增删、替换等操作后变为自己的原创，这是平台打击的行为。
28. CES：一篇笔记可以进入推荐池获得更多流量的算法模型，CES 评分 = 点赞数 ×1 分 + 收藏数 ×1 分 + 评论数 ×4 分 + 转发数 ×4 分 + 关注数 ×8 分。

29. Vlog：Video Blog，是一种通过视频形式记录和分享个人生活、经历、观点或旅行等内容的形式。

30. 自来水：用户自发性地分享，为品牌和商家带来自然流量。

31. 信息流广告：广告主在小红书平台上投放的一种广告形式，如果首页下方写着广告或者赞助两个字，就是信息流广告。

32. Brief：品牌方给博主提供的写稿指导，含具体的推广合作要求与细则，一般用在合作之前的沟通。

33. KOC：Key Opinion Consumer，关键意见消费者。

34. MCN：Multi-Channel Network，专业培养和扶持网红达人的经纪公司或者机构。

35. 通告：商家面向小红书博主所发布的各种商业合作或带具体要求的品牌推广任务。

36. 置换：商家与博主之间的一种合作方式，不付费但赠送产品，一般要求博主对产品进行测评后发布针对该产品的体验笔记。

37. 报备：通过蒲公英平台的正常流程及报备手续与品牌方进行合作。

38. PR：品牌公关职位，负责品牌推广，通常负责跟博主进行接洽。

# 后记

这本书的写作起点始于 2023 年初,当时我深度接触小红书的时间已经超过一年,其间负责了几百个变现类账号的从 0 到 1,也接触过小红书上不同行业的不同类目,对于小红书的运营和流量,我终于有了一种因为理解得通透继而想要整理表达的迫切心情。

但是真的着手写起书来,又经常在某些章节拖延了许多时间,一方面内容部分需要反复修改使得全书的内容价值更高,另一方面又因为我们自己的小红书营销品牌还有很多实际的运营业务要做,在过去的半年里一直缺少完整的写作时间。

在做本书定稿的时候,我仍然感觉对于某些章节的表达不够满意,有些运营方法的表达还缺少对应的实际案例,来让读者理解得更加清楚,因为部分合作企业的保密条约,有些非常值得分享的案例和打法无法在书中完整呈现,同时,因为我自身运营经历的局限,最终放弃了一部分我并不擅长的环节的写作。

同时,因为我对负责过的运营案例和提炼的原创理论接近毫无保留地分享,我也非常自信每一位认真读完本书的读者都会有足够收获。这本书带着一位 10 年互联网人的运营思维和流量理解,结合了普通职场人从大厂到创业的商业认知,可以让每一位想要在小红书获得变现结果的人少走弯路。

感谢过去十年曾给我提供职业机会的携程旅游，是这段完整的互联网经历给我提供了运营思维和商业训练。

感谢选择即刻下单合作的每一家企业，是如此多的商业项目让我们有机会对小红书理解得更加透彻。

感谢我们的小红书运营合作方袤周，凭借极强的专业理解和运营思维，我们共同服务过很多企业。

感谢创业以来加入我的团队的每位同事，是很多次会议的及时复盘才有了关于小红书运营方法技巧的系统总结。

也感谢自己，过去十年如一日对于内容、流量、商业、运营的持续研究和探索，终于在今天可以交付一份像样的作品。

感谢本书出版过程中提供运营案例支撑的赖巧萍、段开心、王美娇、张小雨、吴小平、刘泽良、王博、王飞黄、张晴、张镇、杨明洋。

特别感谢王雨桐在本书写作逻辑和案例梳理阶段提供的协助，特别感谢冀古丽、刘佳敏在本书定稿阶段提供的专业意见。

最后要感谢的是生财有术线上社群，这里有一群对互联网、运营、内容、流量、生意最为敏感的人，我对小红书运营经验的首次分享在这里获得了快速反馈和龙珠赞赏，从此开启了我在小红书运营方法上的持续探究。

如果你在阅读本书过程中遇到疑问，也可以关注我的个人微信公众号：Travel 星辰大海，我将在这里持续分享我对流量的观察理解，回复关键词"引流"，进入本书读者群，领取一份小红书引流方法 PPT，和更多运营者一起交流。